Musée canadien de la photographie contemporaine

CALCUTTA

STEPHEN LIVICK

Introduction by Martha Hanna
Introduction de Martha Hanna

Essay by Erica Claus and Stephen Inglis
Essai de Erica Claus et Stephen Inglis

The Canadian Museum of Contemporary Photography is an affiliate of the National Gallery of Canada.

Le Musée canadien de la photographie contemporaine est affilié au Musée des beaux-arts du Canada.

Canadian Cataloguing in Publication Data

Hanna, Martha.
Calcutta.
ISBN 0-88884-563-4

Text in English and in French.
Photographs of Calcutta by Stephen Livick; introduction by Martha Hanna (curator); essay by Erica Claus and Stephen Inglis. Exhibition catalogue.
1. Livick, Stephen, 1945 – Exhibitions.
2. Photography, Artistic – Exhibitions.
I. Claus, Erica.
II. Inglis, Stephen.
III. Canadian Museum of Contemporary Photography.

TR647 L58 1992 779 .092
CIP 92-099200-OE

Données de catalogage avant publication (Canada)

Hanna, Martha.
Calcutta.
ISBN 0-88884-563-4

Texte en anglais et en français.
Photographies de Calcutta par Stephen Livick; introduction par Martha Hanna (conservateur); essai par Erica Claus et Stephen Inglis.
Catalogue d'une exposition.
1. Livick, Stephen, 1945 – Expositions.
2. Photographie artistique – Expositions.
I. Claus, Erica.
II. Inglis, Stephen.
III. Musée canadien de la photographie contemporaine.

TR647 L58 1992 779'.092
CIP 92-099200-OF

CONTENTS

TABLE DES MATIÈRES

In memory of my friend Latif who lost his battle with cancer in Calcutta July 19, 1992.

À la mémoire de mon ami Latif emporté par le cancer à Calcutta le 19 juillet 1992.

INTRODUCTION

Stephen Livick made six trips to India between September 1984 and November 1991. Initially what drew him to the country was the spectacle of the traditional religious celebrations.

Likewise, other contemporary Western photographers have been attracted to India to photograph. Three American women who followed in the footsteps of Margaret Bourke-White come to mind. Mary Ellen Mark, Linda Connor and Rosalind Solomon each in their own way have made photographs that are complementary to the work of Stephen Livick. Mary Ellen Mark's photojournalistic portrayal revealed in brilliant colour the women in Bombay's red light district. Linda Connor and Rosalind Solomon concentrated on the sacred presence in India, Connor shaping the spiritual existence in the forms of a Hindu woman's veil or time-worn stone monuments. Solomon's exploration of ritual led her to the Kali festival in Calcutta.

Symbols of culture and society are rich sources for photographers. Inherent in their representation is a dynamic that is fed by the various references that each makes to the particular society. Added to the vision are the photographer's own biases. Livick has sought in his subjects a popular appeal and an ambiguous nature: he is fascinated by the visual effect of icons. In his early photographs, drawn from North American life, Livick felt free to take artistic licence in promoting his own symbols. Departing from conventional religious or mythological themes, he pursued the American myth through popular culture.

In 1976, he produced a portfolio of platinum prints to mark the American bicentennial. Among the photographs were portraits of the greats, already memorialized in wax: Elvis, Marilyn Monroe, and a diamond-chokered Elizabeth Taylor. Other photographs he dedicated to the American ritual of leisure. He included people of all ages, at home, on the plains and at the Grand Canyon. The surreal light of infrared film combined with the soft tones of the platinum print to create images of an ethereal quality, uplifting each portrait to an iconic ideal.

Later series focused on amusement parks and fall fairs, through documentation of the architecture and typical structures such as the Ferris wheel and the roller coaster. Subsequently, he turned to the pleasure-seekers, in his portfolio *Middle America*, and to the carnival workers themselves, in his portfolio *Joints*.

In his compositions and choice of photographic medium, Livick privileged symbolism over representation. Placing his subjects squarely in the middle of the photograph, he drew in close to set them apart from their surroundings. Regardless of their real-world dimensions, Livick often bestowed a monumental scale by isolating subjects from their environment and restating them in his large prints. This effect he achieved with his silver gelatin photographs of boulders taken in Newfoundland in 1979. Pictured from a low angle, the rocks become unearthly formations, shaped against the sky. In overwhelming and minute detail, they rise as massive phenomena, clamouring for recognition as newly discovered wonders of the world.

On his first trip to India in 1984, Livick captured on black-and-white film the activity that marks the end of the monsoon, when statues of Hindu gods and goddesses are fabricated and displayed in preparation for the upcoming religious festivals. Anticipating the formal arrangement of these prints were his 1982 photographs of midway games booths – or *joints* as Livick calls them, using carney talk. Established from a frontal position, the architecture of the stalls frames each picture like a proscenium arch. Centre stage is usually occupied by the operator. The walls are decorated with prizes, while the backdrop holds the players' challenge.

In similar theatrical spirit, Livick centred the sculptured deities in his 1984 series within a shallow photographic space. The enthusiastic players that Livick had held back from entering the *Joints* photographs were allowed to spill into the Indian compositions. Children and other passers-by squeeze in between and around the icons, framing the edges of the images and echoing the pandals Indian artists construct to shelter their smaller statues, using curtains and painted backdrops. Livick shares with us the work of one such artist who achieved great economy of space in a collage incorporating real vegetation within a trompe-l'oeil painting of Kali to simulate the three dimensions (page 21). Like sketches, these 1984 black-and-white photographs constituted a visual study of the festivals and served as a foundation for Livick's later gum bichromate prints.

Livick had researched the historic gum bichromate process during the early seventies. This was a period when photographers wished to imprint the photographic image with their personal response. The gum pigment method offered the possibility of creative manipulation. In his first gum prints, made in 1974, Livick combined negatives from different sources and applied colours that gave a surreal quality to the photographic image. The process yielded a relatively stable colour print, not yet afforded by other colour photographic processes, and a colour print which was recognized for its unique values, aspects that were also attractive to a growing market for photographic prints.

Coincidentally, during the late sixties and early seventies, fine-art photographers were beginning to use colour materials. Livick's own early experiments involved the combination of several negatives and the manipulation of colour by using filters and applying colour dyes to affect the final print.[1] Many of the colour photographs of the period carried the image of reality to an abstract extreme, concentrating on the formal patterning that colour provided within the scene. More recently, exploration in colour has taken increasingly varied and complex turns. Experimentation has ranged from blatantly controlled colour in staged photography to the creation of subtle tonalities that equate the atmospheric conditions of nature with emotional states of being. Often, the effect relies on colour used in counterpoint to actuality, its divergence from normal tonality being the source of its strength.

Livick's approach has roots in both areas of colour work. He was attracted to the stability of the colour gum print and the flexibility that it allowed in print-making. Yet his aesthetic clearly developed out of a photographic genre. Unlike many of the artists who experimented with the medium during the period, Livick was deeply committed to the inherent value of the photographic image. His efforts since have been directed to using rather than obscuring this element.

A series of portraits that Livick made in 1981 – *Middle America* – were the first gum bichromate prints in which he employed a full-colour process. They were near life-size in scale and of an exquisite and exacting detail that left him with a profound awareness of the medium's potential.

One of their most successful aspects was the rendering of clear precise colour and the sensation of texture. This was exhibited, in particular, in those prints in which the faces were masked by paint, in Halloween fashion. The pigment process faithfully recorded every hand-applied smear and smudge of wear.

In the Calcutta work, Livick aimed to exploit the process to capacity. The painted faces that had been so dramatically transcribed in his 1981 portraits were carried to an extreme in the series of Indian demons that Livick undertook in 1985. For this purpose, he abandoned the 6 cm x 7 cm hand-held camera that he had used for the previous black-and-white photographs in favour of a 4" x 5" view camera. He moved in closer, making full-figure studies of the icons. His description shifted from the cumulative detail of the previous black-and-whites to the subtlety of textural surfaces and tonal variation accentuating the sculptural forms and garishly painted surfaces of the icons. The photographic rendering of light and shade that moulded the shapes combined with colour to create a stunning veracity.

The three-week trip to India in 1985 that Livick dedicated to the demons did not allow him time to satisfy his increasing visual curiosity in the street life of Calcutta. For that he returned in February 1987, wandering the Calcutta streets for three months with his roll-film camera. The resulting photographs, enlarged to 30" x 40" Ektacolor prints, were to be the prototypes for his next series of gum bichromates.

The street portraits indulged the wide range of subtle colour that is illuminated by the intense Calcutta sun. Not intended to expose any specific social premise, these photographs called on the city's rich visual surface. The people literally wear its traces. A limeworker is shown covered with a powdery substance, trickles of sweat clearing the only passages to his skin. Young rag pickers carry Calcutta not only in their burlap sacks but in their soiled clothing and dirtied feet. The warm golden cast of the sun overrides the sense of misery or despair that the subjects might otherwise suggest.

When he returned to Calcutta in the fall of 1987 to make the transparencies for his street portraits, Livick took with him the more unwieldy 5" x 7" view camera, whose format offered greater detail. The resulting photographs went deeper into the heart of Calcutta, where he made portraits of prostitutes and a community of *hijra*, or transvestites.

The painted surfaces that had been so lusciously revealed in the photographs of demons showed up in architectural and cosmetic details and in layers of painted walls that served as background to the portraits. Visitors to the exhibition will see how the texture of the heavy watercolour paper also contributes to give credence to a range of textural surfaces. Livick carefully planned the photographs for their ultimate effect as gum prints. In the print of the street picker in yellow (page 52), the painted wall passes smoothly into the street surface, like some designed scrim, setting the figure apart in the foreground. On at least one occasion Livick even costumed the subject to enhance the overall impression.[2]

It was not until two years later, in 1989, that Livick was able to go back to India. A parasitic illness had threatened the last shoot and retarded the labour-intensive and financially demanding gum bichromate printing process. Having overcome these obstacles and produced a remarkable portfolio of prints, Livick garnered the strength to return to Calcutta, carrying his 8" x 10" view camera.

The 1989 series addressed the issue of scale. Again drawing on the richness and breadth of the religious icons for his subject, Livick sought to give his photographs the impact of paintings. He made each print using a two-colour gum process, working with halftone enlargements 52" x 64" produced from the original 8" x 10" black-and-white image. Livick controlled these prints to a greater degree than in his previous work. There was no question of documenting reality; Livick deliberately deviated from actual tones, generally choosing a combination of blue and red pigments. He then applied choice accents of colour by hand or airbrush.

The gums equal Livick's previous work in their accuracy of detail but the unusual blend of pigments creates a colour wash that abstracts the figures from the real. There is an emphasis on form and gesture rather than colour. Because of their size, the prints elude perception in a single glance. So enlarged, the overall image indeed has the effect of an abstract painting, governed in its reading by inflections of tone and texture. The colour serves here to move the eye across the surface of the print. Aberrations take on greater significance. In the print of the silver demon (page 54), the viewer is attracted to the roughly applied paint, to the straw undercasing that emerges from a crack at the neck of the demon, to the moiré effect of the cloth and to the detail of three small nails on the chest. Visual associations emerge. Similarly, in the print of the unfinished demon, shadows cast by the figure create black shapes that add ambiguous text to the calligraphy of the background.

Livick further abandoned representation when he made his most recent trip to India in 1991. The photographs from that journey would comprise the Calcutta portfolio murals: joined together in installation, they create an original composite view. In a nine-part mural, a single Kali sculpture is revealed in three parts of the centre vertical section. Flanking the full figure on each side are frames filled not with the form of the goddess but with the substance of Livick's discoveries. A rose colour and the environmental periphery to the subject successfully compete for the attention of the viewer.

In another work, a nine-print image of clay demons (page 56), Livick has disjointed the demons, distributing and repeating their sculptural forms across the mural. With the integrity of the figures lost, the viewer is compelled to formalize the subject through compositional motifs shaped by repetition, colour and explicit detail.

Throughout his continuing exploration of the gum bichromate process, Livick has worked with confidence that he could sustain a visual interest in the photographic element rather than in the "thing" itself. While maintaining a syntax, resolution and colour that satisfies our present-day high-tech mores, Livick has magnified the subject and expanded our vision. *Calcutta* offers a rich visual experience.

NOTES

1. Edward Meyers, "Stephen Livick: The Unique Image," *Popular Photography*, January 1972. The article describes the variety of experimental techniques that Livick used, for example: "In memory of the Kent State tragedy of 1970, Livick photographed friends with b&w film and during processing softened the negatives in hot water. He separated parts of the emulsion with his fingers, printed this on color negative film, then made high contrast masks and printed the combination with a background negative of McGill University campus, Montreal, on color paper."

2. Livick described his intervention with reference to his gum print No. 88462 (Woman in purdah) which was acquired by the Agnes Etherington Art Centre. In information provided to their education department, Livick explained that the subject is wearing a garment that he purchased and dyed green. He had to dye the garment twice to achieve the desired tone.

SELECTED BIBLIOGRAPHY

Ingrid Jenkner. *Stephen Livick Photographs*. Guelph: Macdonald Stewart Art Centre, 1983.

Naomi Rosenblum. *A World History of Photography*. New York: Abbeville Press, 1984.

Martha Hanna is Associate Curator at the Canadian Museum of Contemporary Photography.

INTRODUCTION

D'abord attiré par le spectacle des fêtes religieuses traditionnelles, Stephen Livick a fait six voyages en Inde entre septembre 1984 et novembre 1991.

Certes, l'Inde a inspiré d'autres photographes occidentaux contemporains, dont trois Américaines travaillant dans le sillage de Margaret Bourke-White : Mary Ellen Mark, Linda Connor et Rosalind Solomon. Chacune à sa manière a réalisé des images qu'on peut dire complémentaires à l'oeuvre de Stephen Livick. Dans sa série photojournalistique, Mary Ellen Mark dépeint en couleurs éclatantes les prostituées du quartier des bordels de Bombay tandis que Linda Connor et Rosalind Solomon se sont attardées à la présence du sacré. Pour Connor, l'âme indienne s'incarne dans les contours d'un voile de femme hindoue ou d'un monument de pierre érodé par les siècles; dans le cas de Solomon, l'exploration du rituel l'a amenée à Calcutta, au festival de Kâlî.

Les symboles d'une culture ou d'une société constituent des sources d'une grande richesse pour les photographes; la représentation qu'ils en offrent les inscrit dans une dynamique qui s'alimente de chaque nouvelle référence à la société en question. Joue également dans la vision du photographe son propre parti pris. Chez ses sujets, Livick cherche un charme populaire et une nature ambiguë : l'effet visuel des icônes l'a toujours fasciné. Dans ses premières oeuvres, inspirées de la vie de tous les jours en Amérique du Nord, il n'hésitait pas à mettre en place sa symbolique personnelle. S'écartant des thèmes religieux et mythologiques traditionnels, il traquait le mythe américain dans les manifestations de la culture populaire.

En 1976, il a produit une suite d'épreuves au platine pour marquer le bicentenaire américain dont plusieurs portraits inspirés des personnages de cire représentant les grandes célébrités comme Elvis, Marilyn Monroe et Elizabeth Taylor, parée de son fameux collier-de-chien à diamant. D'autres photographies sont dédiées au rituel des loisirs en Amérique. Y trouvent leur place des gens de tout âge, chez-eux, sur les plaines et au Grand Canyon. La lumière surréelle de la pellicule infrarouge s'allie aux douces tonalités de l'épreuve au platine pour créer des images éthérées où chaque portrait atteint un idéal icônique.

Livick s'est par la suite intéressé aux parcs d'attractions et aux foires d'automne en y documentant l'architecture et les structures typiques comme la grande roue et les montagnes russes. Puis dans sa série *Moyenne Amérique*, il se tournera vers les amateurs de plaisir. Et enfin, dans *Baraques foraines*, vers les forains eux-mêmes.

Dans ses compositions et son choix de procédé et matériel photographiques, il a accordé une plus grande importance au symbolisme qu'à la représentation. Il donnait à ses sujets une position carrément centrale et les prenait de très près de façon à les détacher du décor. Indépendamment de leur taille réelle, Livick réussissait souvent à leur conférer une ampleur monumentale en les isolant de leur milieu et en les reprenant dans des épreuves de grandes dimensions. Il est parvenu à cet effet en 1979 dans ses épreuves argentiques à la gélatine de rochers terre-neuviens qui, photographiés en contre-plongée, se métamorphosent en formations sinistres contre le ciel. D'une précision et d'une netteté accablantes jusque dans les moindres détails, ces phénomènes massifs s'imposent comme de nouvelles merveilles du monde.

Lors de son premier voyage en Inde en 1984, Livick a su saisir en noir et blanc l'activité qui marque la fin de la mousson, période pendant laquelle on fabrique et expose des statues de divinités hindoues en vue des prochains festivals religieux. L'organisation spatiale de ces épreuves rappelle la composition très soignée de ses photographies de baraques foraines – les «joints» comme dit Livick dans l'argot des forains – réalisées en 1982. Dans celles-ci, la prise de vue frontale fait en sorte que l'architecture des baraques forme le cadre de chaque image à la manière d'une corniche, d'un proscenium. Au beau milieu de l'avant-scène se trouve généralement le préposé; les murs sont tapissés de prix alors que le jeu, le défi à relever, constitue la toile de fond.

Cette même théâtralité se retrouve dans sa série de 1984 mettant en scène des divinités sculptées dans un espace photographique resserré. Alors que dans les photographies de 1982 les curieux avaient été tenus à l'écart, ils envahissent ses compositions indiennes. Enfants et autres passants semblent s'infiltrer entre les icônes et tout autour; ils forment le cadre des images à la manière des rideaux et toiles de fond dans les appentis où les artistes indiens remisent leurs plus petites statues. Dans une de ses photographies, Livick nous fait voir le travail d'un de ces artistes qui a su réaliser une grande économie d'espace dans un collage en y intégrant une flore réelle à une peinture en trompe-l'oeil de Kâlî simulant une figure tridimensionnelle (page 21). À la manière de croquis, ces photographies en noir et blanc représentent une étude visuelle des festivals que Livick mettra à profit dans ses gommes-bichromatées ultérieures.

Au début des années 1970, Livick avait exploré l'ancien procédé à la gomme bichromatée. C'était une époque pendant laquelle les photographes cherchaient à s'inscrire dans leurs images. Le recours à la gomme pigmentée offrait des possibilités de manipulation artistique. Dans ses premières épreuves, réalisées en 1974, Livick superposait des clichés de sources différentes et y appliquait de la couleur pour donner une qualité surréelle aux images. Signalons aussi que ce procédé conférait à la couleur une certaine stabilité, contrairement aux autres procédés alors en cours. Les qualités particulières de l'épreuve ainsi obtenue allaient être reconnues et intéresser le marché en plein essor des images photographiques.

C'est aussi à la fin des années 1960 et au début des années 1970 que les photographes d'art ont commencé à utiliser des matériaux de couleur. Les premières expériences de Livick comportaient la combinaison de plusieurs négatifs et la manipulation des couleurs au moyen de filtres ou par application de pigments colorés pouvant agir sur l'épreuve finale[1]. Plusieurs photographies de cette époque poussent la représentation de la réalité à son extrême abstrait en mettant l'accent sur les motifs formels que les couleurs en dégagent. Récemment, l'exploration des virtualités de la couleur s'est faite plus sinueuse et complexe. L'expérimentation s'étend de la couleur manifestement contrôlée, reposant sur une mise en scène photographique, à la création de tonalités subtiles où se réalise l'adéquation des conditions atmosphériques et d'un état d'âme donné. Souvent, l'effet repose sur l'utilisation de la couleur en contrepoint à la réalité et la divergence des tonalités ainsi obtenues par rapport à la normale en fait sa force.

L'approche de Livick a ses racines dans les deux voies qu'emprunte cette expérimentation. C'est la stabilité de l'épreuve à la gomme en couleurs qui l'a attiré ainsi que ses possibilités au moment du tirage. Malgré tout, son esthétique tient nettement du genre photographique. Contrairement à plusieurs artistes qui tâtèrent du médium à cette époque, Livick croyait profondément à la valeur inhérente de l'image photographique. Ses efforts depuis lors tendent à mettre en valeur cet élément plutôt qu'à l'obscurcir.

Sa série de portraits *Moyenne Amérique*, réalisée en 1981, représente les premières épreuves à la gomme bichromatée où il a fait appel à un procédé exploitant toute l'étendue du spectre des couleurs. Presque grandeur nature, ces images témoignent de la conscience aiguë qu'a Livick des ressources du médium.

Les couleurs y sont nettes et précises, les textures quasi palpables. C'est particulièrement le cas des épreuves dans lesquelles les visages sont recouverts de peinture, à la manière de masques d'Halloween. Le tirage pigmenté enregistre fidèlement chaque trace de peinture, chaque bavure.

Dans sa production sur Calcutta, Livick a voulu explorer les limites du procédé. Les visages badigeonnés, transcrits de façon si dramatique dans ses portraits de 1981, sont poussés à l'extrême dans sa série de démons indiens entreprise en 1985. Troquant l'appareil de 6 cm x 7 cm qu'il avait utilisé pour ses photographies en noir et blanc contre une chambre de prise de vue de 4 po x 5 po, il s'est approché encore plus des icônes et en a fait des études pleine grandeur. La description, qui s'appuyait sur une accumulation de détails dans les épreuves en noir et blanc, tient maintenant à la subtilité de la texture des surfaces et aux variations tonales des formes sculpturales et des couleurs criardes des icônes. Les jeux d'ombre et de lumière moulent les formes auxquelles sont rajoutées la couleur; il en ressort une incroyable authenticité.

Le séjour de trois semaines que Livick a consacré à ses démons indiens en 1985 ne lui a pas permis de satisfaire sa curiosité grandissante de la vie des rues de Calcutta. Il y est donc retourné passer trois mois en février 1987, appareil de format moyen en bandoulière. Les agrandissements Ektacolor de 30 po x 40 po sortis de cette période d'errance constituent les prototypes de sa prochaine série de gommes bichromatées.

Ces photographies enregistrent fidèlement toutes les nuances des couleurs de la rue sous le soleil intense de Calcutta. Sans chercher à exposer un phénomène social précis, elles font appel à toute la richesse visuelle de la ville. Les gens en portent littéralement les traces : un travailleur de la chaux couvert d'une substance poudreuse est représenté avec des filets de sueur découvrant les uniques passages vers sa peau; les jeunes ramasseuses de guenilles trimbalent Calcutta non seulement dans leurs balluchons de jute, mais aussi dans leurs hardes et sur leurs pieds crasseux. L'omniprésence de la chaleur dorée du soleil fait oublier la misère et le désespoir que ces personnages pourraient autrement évoquer.

De retour à l'automne 1987 pour réaliser les diapositives de sa série sur les rues de Calcutta, Livick s'est muni de sa chambre de prise de vue de 5 po x 7 po qui, bien qu'encombrante, lui permettrait de rendre les détails avec une plus grande précision. Cette nouvelle série nous amène plus loin encore dans le coeur de Calcutta avec ses portraits de prostituées ainsi que d'une communauté de travestis.

Les surfaces peintes de ces démons, si séduisantes, sont ici reprises dans les détails des maquillages et de l'architecture et sur les pans de murs peints formant l'arrière-plan de ces portraits. Celles et ceux qui verront l'exposition pourront constater comment la texture du papier aquarelle grenu contribue elle aussi à rendre crédible une gamme de surfaces. Livick a soigneusement préparé ces photographies en toute conscience des immenses possibilités que lui offrait le tirage à la gomme. Dans l'épreuve montrant une ramasseuse en jaune, le mur peint devient sans peine revêtement de rue, comme dans certains motifs abstraits, et le sujet se trouve isolé à l'avant-plan. Il aurait même, à une occasion du moins, fourni un costume à un de ses modèles pour obtenir un meilleur effet d'ensemble[2].

Ce n'est que deux ans plus tard que Livick put retourner en Inde, après avoir surmonté la maladie parasitaire qui avait menacé sa dernière expédition et retardé le tirage des épreuves à la gomme bichromatée en raison du travail fort exigeant et onéreux que ce procédé exige. Ayant malgré tout réussi à produire un remarquable recueil d'épreuves, Livick se retrouve donc à Calcutta en 1989, muni cette fois de sa chambre de prise de vue de 8 po x 10 po.

Cette nouvelle série s'attaque à la question du format à donner aux épreuves. S'inspirant encore une fois de la richesse et de l'ampleur des icônes religieuses comme sujet, Livick tente de donner à ses photographies l'intensité d'un tableau peint. À partir d'agrandissements tramés de 52 po x 64 po de ses originaux en noir et blanc de 8 po x 10 po, il traite chaque épreuve au moyen d'un procédé à la gomme faisant appel à deux couleurs. Livick est intervenu dans ces épreuves de façon encore plus marquée que dans ses travaux antérieurs. Son propos n'étant pas de représenter la réalité, il a choisi de s'éloigner des couleurs réelles et de recourir, généralement, à une combinaison de pigments bleus et rouges. Il a lui-même mis les dernières touches à la main ou à l'aérographe.

Ces épreuves à la gomme traduisent les détails de façon aussi nette que les travaux antérieurs de Livick, mais le mélange inhabituel de pigments crée un lavis qui a pour effet de soustraire les sujets à la réalité. L'accent est mis sur la forme, sur les gestes, plutôt que sur la couleur et les dimensions de ces images les rendent difficilement perceptibles à première vue. Agrandies de la sorte, elles font effectivement songer à des tableaux abstraits dont l'interprétation doit se faire à la lumière des nuances dans les tons et les textures. La couleur sert alors à guider l'oeil dans son trajet sur la surface de l'épreuve. Toute déviation à la norme devient significative. Dans l'épreuve du démon argenté (page 54), le regard du spectateur est attiré par la rugosité de la peinture, par le bout de paille visible dans la fissure du cou puis vers les mordorures du tissu pour arriver enfin au détail des trois petits clous sur la poitrine. Il en ressort des allusions visuelles. De la même façon, dans celle représentant un démon inachevé, les jeux d'ombres créent des formes noires qui ajoutent un texte ambigu à la calligraphie de l'arrière-plan.

Livick s'est éloigné encore davantage de la représentation lors de son plus récent voyage, en 1991. Il destinait ces nouvelles photographies aux murales de son recueil sur Calcutta; réunies en installation, elles créent une vision composite d'une grande originalité. Dans une murale constituée de neuf éléments, une même sculpture de Kâlî est révélée dans trois parties de la section verticale centrale. De chaque côté de la déesse grandeur nature, on retrouve non pas les formes de celle-ci, mais la substance des découvertes de Livick. Une couleur rose et les éléments du décor se disputent l'attention du spectateur. Dans une autre oeuvre, composée de neuf photographies de démons d'argile (page 56), Livick a démembré ces derniers puis en a répété les formes un peu partout dans la murale. L'intégrité figurative ainsi perdue, le spectateur se voit obligé de reconstituer le sujet à l'aide des motifs créés par la répétition, la couleur et les détails reconnaissables.

À travers ses explorations du procédé à la gomme bichromatée, Livick a toujours su qu'il pourrait axer l'intérêt visuel sur l'élément photographique plutôt que sur la «chose» en soi. Tout en restant fidèle à une syntaxe, à une résolution et à un coloris à la mesure de nos moyens techniques avancés, il a réussi à donner de l'ampleur à son sujet et à élargir notre vision. Dans *Calcutta*, Stephen Livick nous offre une expérience visuelle d'une grande richesse.

NOTES

1. Edward Meyers, «Stephen Livick : The Unique Image», *Popular Photography*, janvier 1972. L'article décrit la diversité des techniques utilisées par Livick, par exemple : «En souvenir de la tragédie de la Kent State University en 1970, Livick a photographié en noir et blanc un groupe d'amis et lors du développement, il a fait ramollir les négatifs dans un bain d'eau chaude. Après avoir détaché avec ses doigts des parties de l'émulsion, il a réalisé un tirage sur cliché-couleur négatif puis fabriqué des caches à forts contrastes. Superposant le tout sur un fond négatif du campus de l'Université McGill à Montréal, il en a tiré une épreuve sur papier de couleur.»

2. Livick décrit son intervention en renvoyant à son épreuve n° 88462 (Femme au purdah), acquise par la Agnes Etherington Art Centre. Il avait expliqué au service éducatif de la galerie que le sujet portait un vêtement qu'il avait acheté et teint en vert puis reteint pour obtenir la nuance voulue.

BIBLIOGRAPHIE SÉLECTIVE

Ingrid Jenkner. *Stephen Livick Photographs*. Guelph : Macdonald Stewart Art Centre, 1983.
Naomi Rosenblum. *A World History of Photography*. New York : Abbeville Press, 1984.

Martha Hanna est conservatrice associée au Musée canadien de la photographie contemporaine.

GELATIN SILVER PRINTS

ÉPREUVES ARGENTIQUES

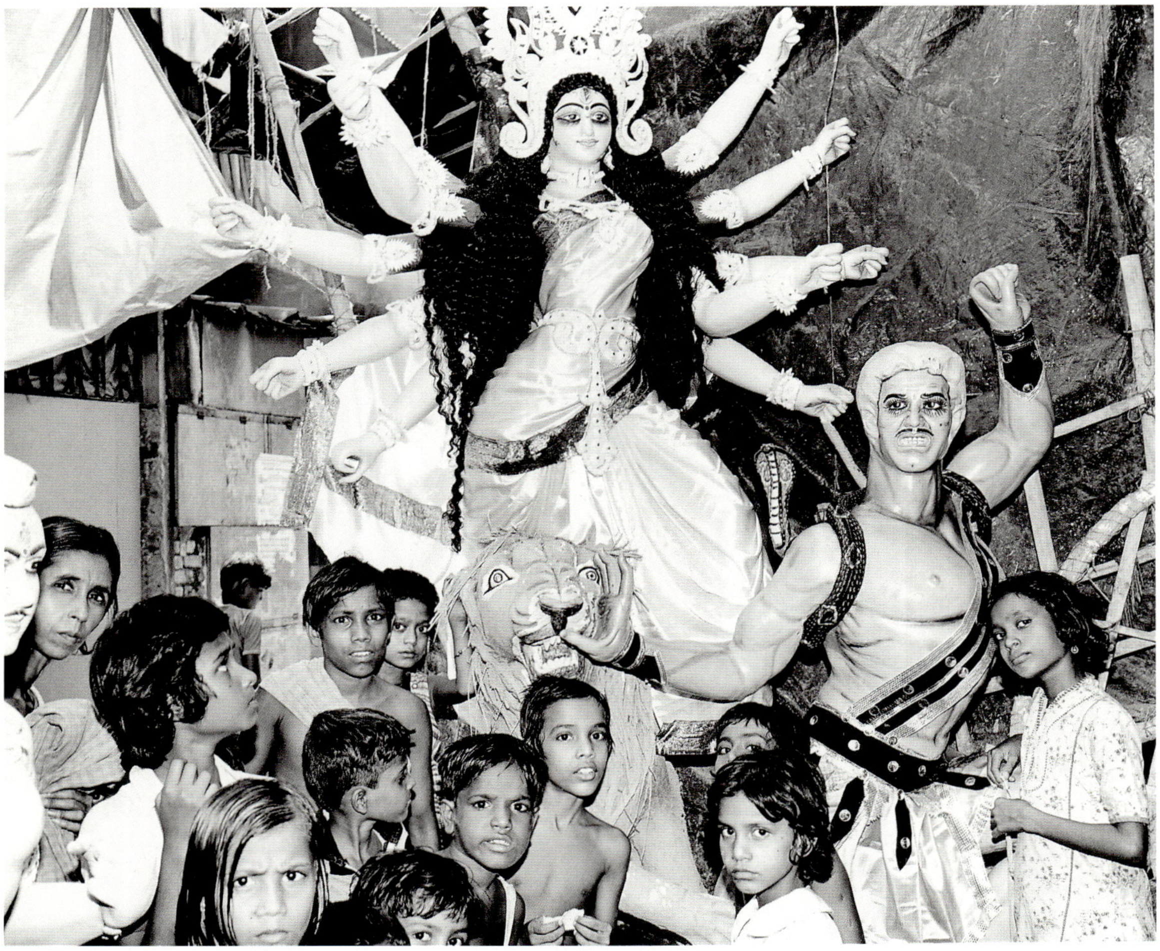

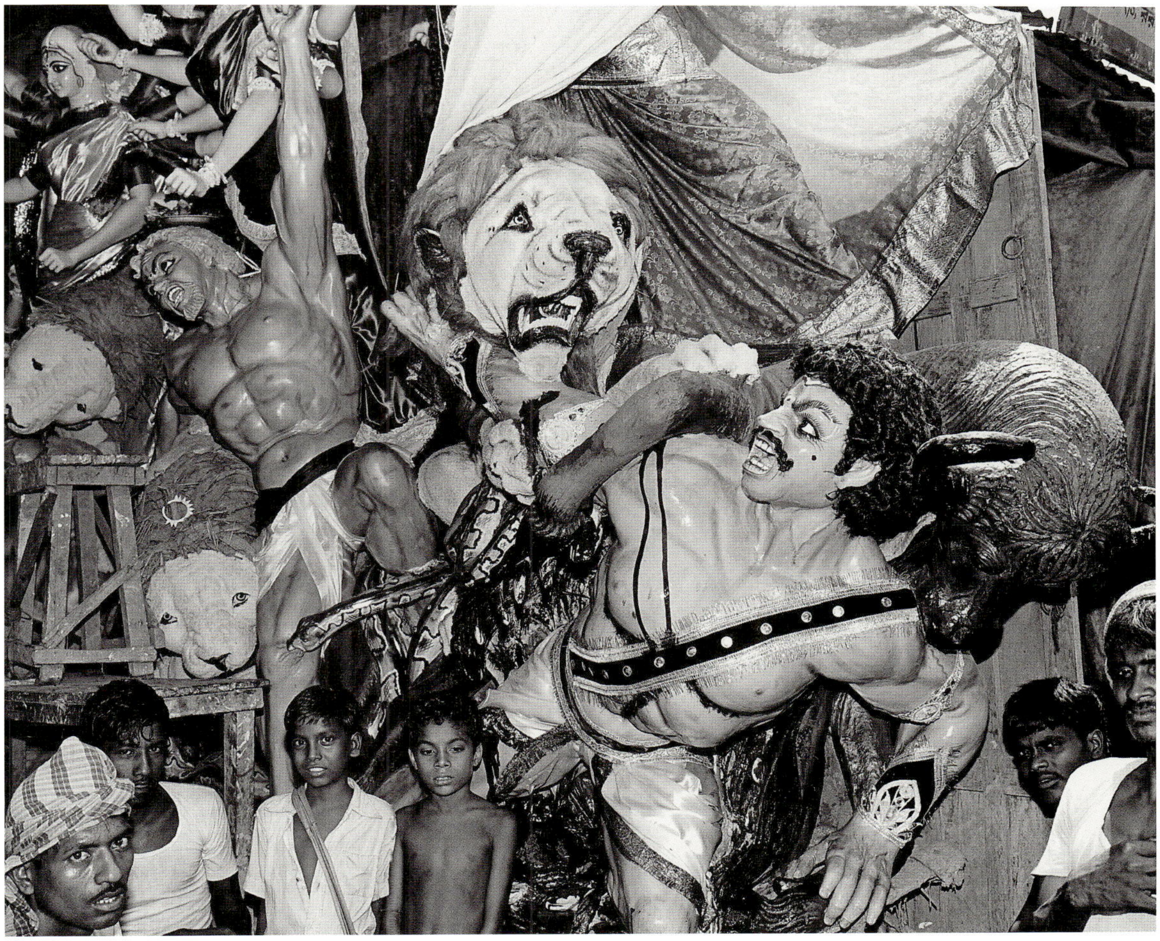

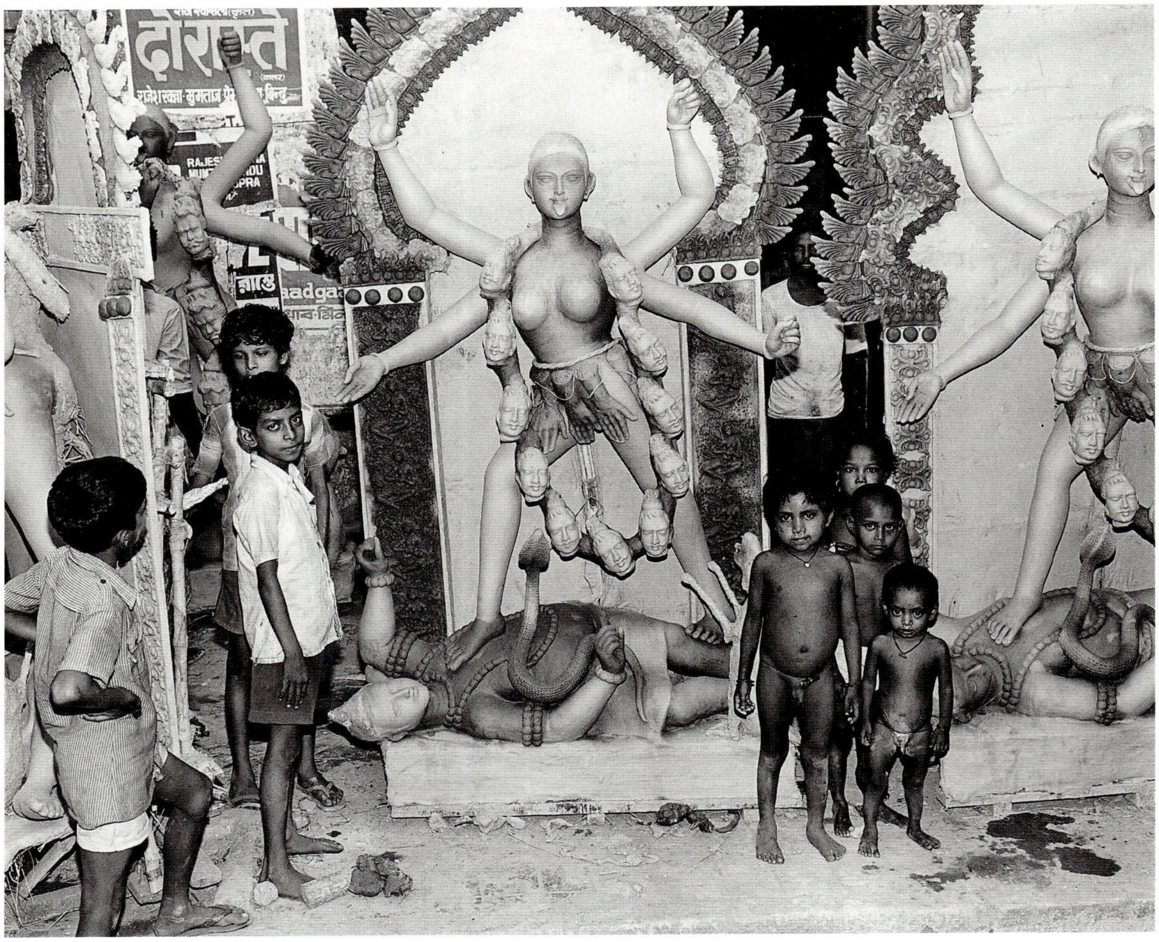

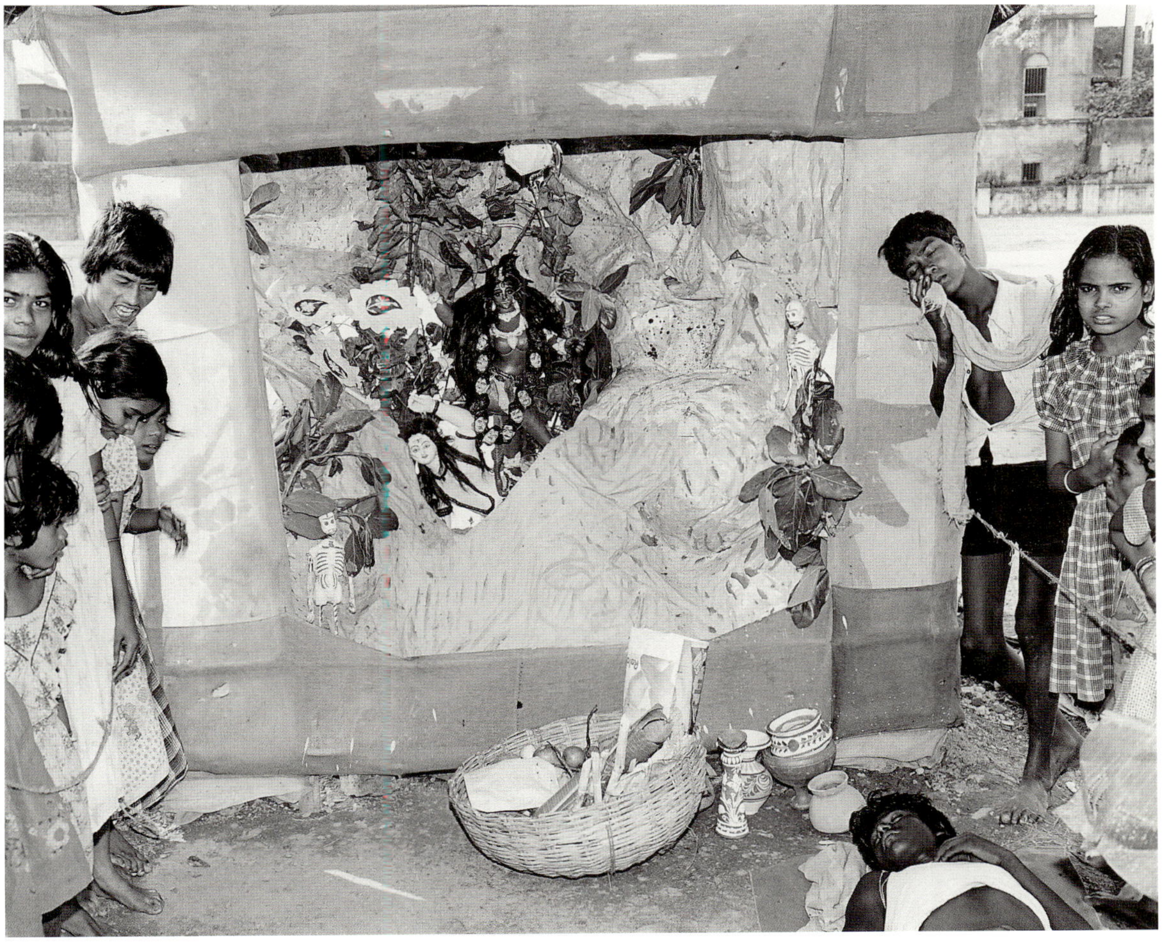

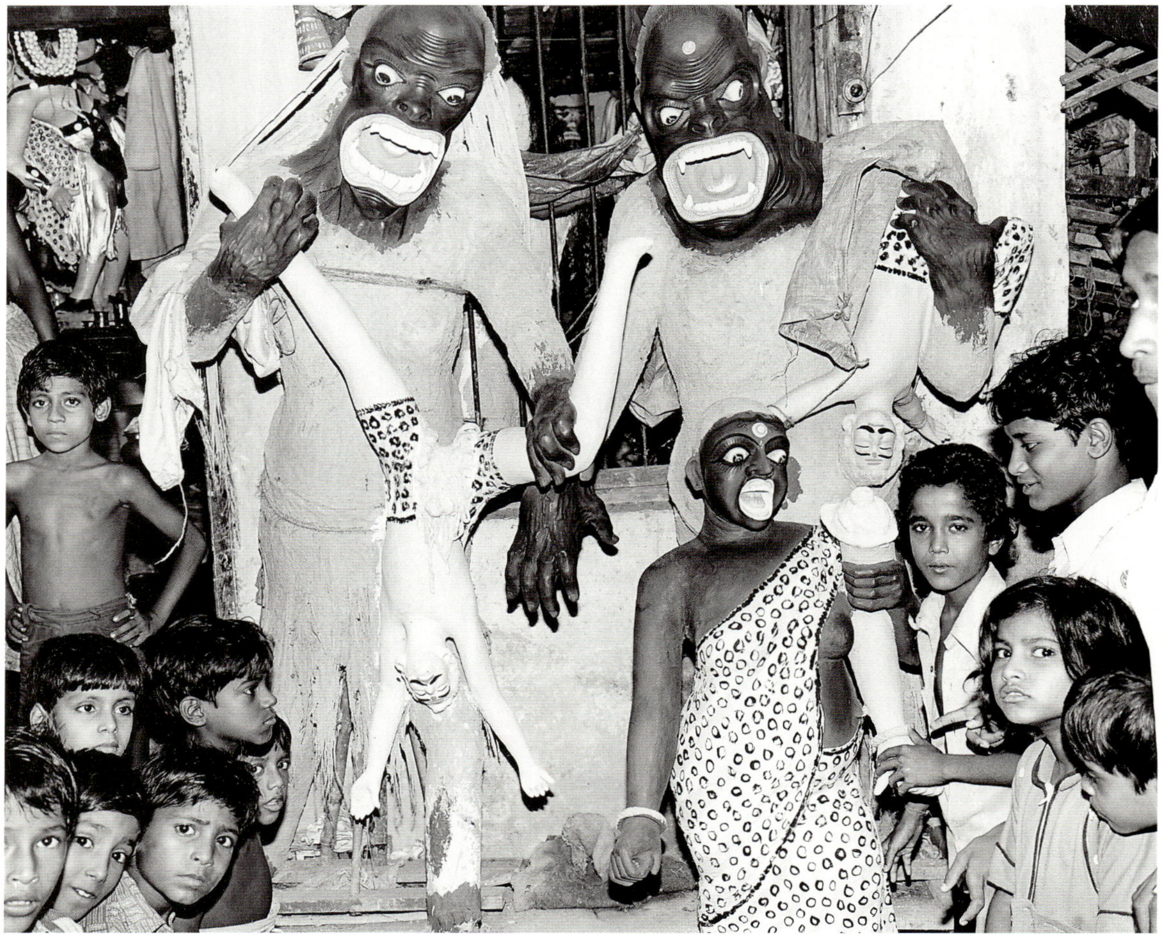

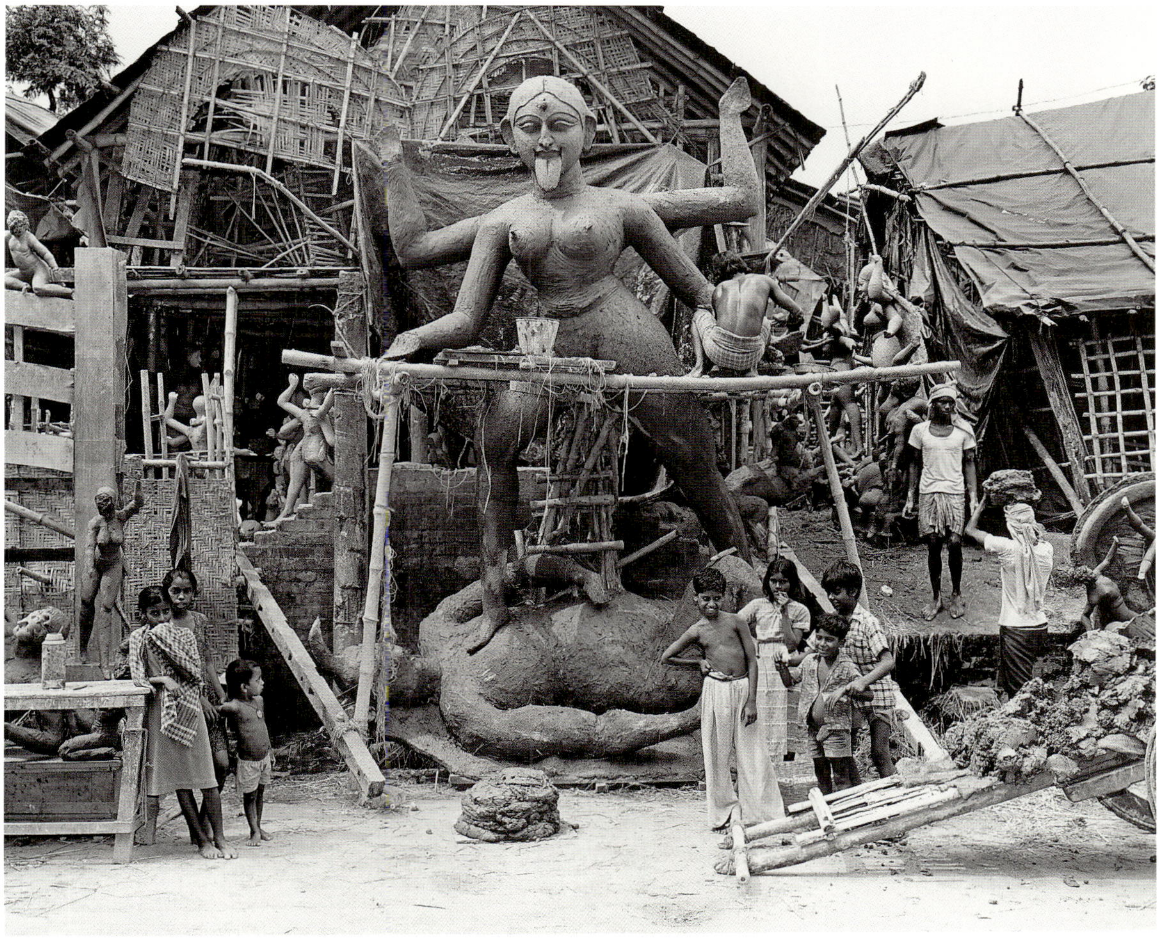

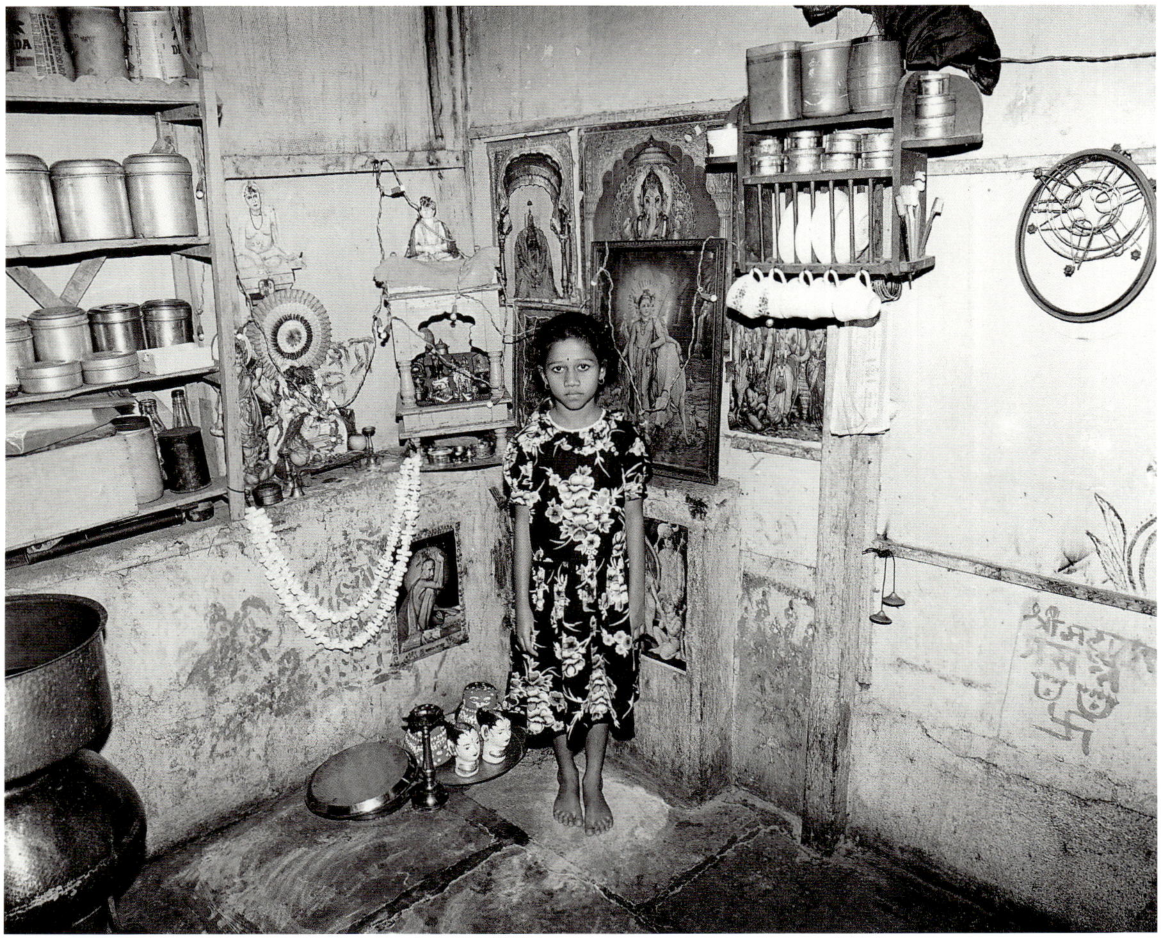

FLUID FORMS AND FIXED MOMENTS: IMAGES OF CALCUTTA

Photographs... are said to convey
the exact nature of the material world, but actually,
what they convey is spiritual...[1]

A beautiful goddess with ten arms, a demonic figure with dripping fangs, or people posed in the course of their everyday life – Stephen Livick's subjects provoke a discussion of the significance of his photographs quite apart from the remarkable achievements of the artist. The faces, forms and materials recorded by Livick are part of a complex symbolic system and social world.

Photographing in India almost always implies an emotional involvement with subjects. Indian people are intensely communicative and actively draw visitors into social settings from which they might be excluded in other cultures. The tension between experiencing a situation and recording or documenting it becomes particularly acute in cities packed with people where each shot holds such potential for discussion and interaction. Regardless of the motives of the photographer, a perspective of detachment is quickly overwhelmed. Onlookers press in to be included in the frame. These staring eyes create a boomerang effect in which the photographer becomes the observed and the scrutinized.

Among Indian people there is also a tension associated with having photographs taken. This is apparent in portrait photography. In many Indian communities women are rarely photographed. When they are, as part of family or group portraits, the photographs are not indiscriminately viewed. Thus if the framed photographs are displayed on walls, they may be discreetly covered with a silk curtain.[2] This sense of modesty and protection never extended to courtesans and prostitutes. This explains in part why from the earliest days of photography in India there were photographs of these women.

In India, the act of photographing, especially photographing sacred images or activities, is more than simply making a "likeness" of something. The photographic image partakes in the reality it depicts. Rather than a "likeness," a photograph can be perceived as a sacred object, sharing sacred energy with its subject. Although, as American photography curator John Szarkowski once remarked, "a photograph of a building is not a building,"[3] the issue is more complex in the Indian situation.

The capacity of a photograph to share in the potency of an original subject helps to account for the widespread use of two-dimensional images as icons in household shrines (see, for example, page 24), public places and vehicles. In the image-laden world of India, photographs, like other two-dimensional images, are far from inert or neutral.

Among the great cities of India, Calcutta has a unique reputation, just as among the Bengalis who live there, who once lived there, or who never lived there but consider it "home," the city evokes a singular pride and fierce loyalty. Calcutta is one of the few cities in the world where tourists are often warned by hotels not to take pictures on the streets precisely because the pride of local people can be so deeply wounded by an outsider's focus on poverty. Nightmare of the casual tourist, Calcutta can become an obsession for those who are pulled into its orbit.

Home now to at least eleven million people,[4] the city has grown steadily since its establishment as a trading port by the British East India Company in 1690. The crumbling mansions of the older neighbourhoods, now often partitioned by fractious relatives, testify to a nineteenth-century wealth and social refinement which rivalled that of other capitals of the British Empire. The subsequent layering and infilling of generations of the poor, the rural dispossessed and particularly the refugees of post-colonial restructuring have become synonymous with the name Calcutta throughout the world. Yet it is Calcutta's learning and contributions to the arts – its cultural wealth – rather than its material poverty which has secured its reputation in India and which continues to act as a magnet to the seeker.

In some ways the recent history of Calcutta and photography are intertwined. Photography came to Calcutta in 1840, only a year after being invented by Daguerre in France, and caught on quickly. It was through photography that Calcutta was framed to outsiders almost from the invention of the medium. By 1863, when photographer Samuel Bourne arrived in India, he was surprised to find that "at Calcutta it is no uncommon thing to see native portrait establishments."[5] The Photographic Society of Bengal had been operating since 1856.[6]

Portraits of the early period in Indian photography featured Indian types: rulers, wealthy families, rural life, occupational specialists, street personalities and entertainers. Early photographers also focused on landscapes, pastoral scenes, and civil and military subjects. They were drawn especially to stone monuments, great temples, and the timeless architectural wonders which stand as permanent historical records.

What we see in this collection of Livick's photographs is a window on another form of cultural expression, one which is ubiquitous and cyclical. Rather than permanent images lodged in stone temples, the images photographed by Livick are made of earth as part of a process which culminates in their destruction. In this way Livick's works interpret ephemeral forms by fixing a poised moment in the ritual cycle. His portraits are of the types of people who share the streets with the images and festivals at which they are worshipped.

In many parts of India, earthen images are the focus of annual Hindu festivals and there is no place where these images are larger and more ornate than in Bengal. Calcutta, as in most other aspects of Bengali life, is the centre of the tradition. For the festival season, neighbourhoods become like small villages. Each neighbourhood festival committee commissions an image from a potter's workshop and organizes the process by which the image is installed in the neighbourhood, worshipped by the residents and then ritually paraded and destroyed.

The districts of Kumartuli in the north of Calcutta and Kalighat in the south are the two busiest pottery-making places in the city. During the months leading up to the major festivals in the fall, clay images in various states of preparation squeeze out of the yards and sheds onto the footpaths and streets, as happens with most craft processes in Calcutta. The wooden armatures, jute ropes and fibre over which the clay bodies are formed protrude from unfinished limbs, and moulded faces and hands dry in rows on benches and curbs.

The first of these festivals is devoted to the goddess Durga, the martial conqueror of ignorance and evil, which are exemplified by the fury of a demon buffalo. Durga's multitude of hands shine with weapons as, mounted on a lion, she sweeps everything from her path (see page 18). So central to the cycle of Bengali worship is the festival (*puja*) to Durga, that it is often referred to simply as "the puja."

Three weeks after the Durga festival comes the time to worship the goddess Kali, the dark and mystical protector of the Hindu family and particularly Bengali women. She appears as a frenzied destroyer of evil, often dancing on the body of her companion Shiva who has lain down to protect the earth from her rage (page 20). In other versions, Kali mercifully absorbs the furious lord Shiva into her own body, protecting the world from him. Often accompanying the images of Kali, either mounted on the same platform or made separately, are her bloodthirsty demon companions Dakini and Yogini (page 43).

Each of these festivals lasts up to several days. The earthen images, lavishly dressed and bejewelled, are installed on platforms in a vacant lot or dead-end street in the neighbourhood, protected by a temporary shelter or *pandal* (see page 21). Community members take part in worship events which include the offering of sacred gifts of flowers, sweets and fire, and in music and dance entertainments for the deity. Throughout these periods, the days and nights are seared by recorded popular film music amplified to the limits of budget and technology.

The climactic final evening begins with a procession of the images through the streets. The goddesses, mounted on every kind of conveyance from human shoulders to flatbed trucks, flow through the streets toward the Hooghly River. At the *ghats*, or wide-staired approaches to the main channel, the images are carried shoulder-deep into the opaque water, which is already strewn with blossoms from sinking flower garlands. The images float slowly away, literally dissolving in the silt-laden current in a swirl of arms, hair, and jewels fashioned from paper and pith.

Throughout India, Hindu deities are worshipped in the form of images. The representations of Hindu gods and goddesses, exquisitely cast from bronze and other fine alloys, have become renowned among art historians as the epitome of Indian artistic expression. Such images, installed in great stone temples, are the focus of lavish rituals which continually reaffirm the presence of the deity. During annual festivals at large temples, portable images, also made of fine metals, are taken out in procession through the streets around the temple, often mounted on great wooden chariots or decorated palanquins.

At local temples in the side streets of cities and towns and throughout the rural areas, however, religious images are more often made of stone. The simplest of these are ordinary rough stones, lying in the open, which mark the place of a local spirit, heroine or hero. These may periodically be anointed and given worshipful offerings. More elaborate stone images are also common in the form of a god or goddess and are the focus of a shrine. Stone images thus mark the place of a deity and the centre of a shrine, but they rarely express the deity's vital presence. Such deities become fully manifest only during periodic festivals, and then most often in images made of temporary materials such as clay.

Whereas the stone or metal image accumulates potency as a focus of divine presence through continual use over decades, centuries and millennia, the earthen image begins its essential deterioration even during its use in a festival. Images made of permanent materials become symbolic of the timelessness, detachment and omnipotence of the great deities in whose likeness they are formed. The images modelled by the potter and constantly recreated with the seasons are appropriate containers of the local deities which determine the ebb and flow of everyday life. So intense is the energy and symbolic "heat" generated by the festival that, in Hindu terms, the immersion of the temporary image is an essential cooling.[7]

For the *stapati* (architect or craftsman), building a temple and making images is the "act of bringing disordered existence into conformity with the basic laws that govern it."[8] The same could be said for the work of the potter. As the stapati works with stone in a realm of craft where the product fulfils laws which call for it to endure for eternity, the potter models with earth in a realm where each product is dedicated to its own destruction. Clay images decompose and others take their place. It is not the form of the image which endures but the performance of the ritual cycle of its creation, worship and destruction.

It is perhaps for this reason that earthen image-making has been excluded from the conventional study of Indian art and rarely recorded by photography.[9] The corporality and flux which characterize the use of these images make it difficult to locate and identify them as works of art. The material existence of an earthen image may be captured by removing it to a museum but this is inevitably only a fleeting part of its form and meaning. The concept of a patina, which is so much a part of the study of art history, and which plays an important role in objects that have come to characterize Indian art, has no significance for earthen images, any more than it has for the vast range of temporary work by other Indian craftsmen.

For Bengalis, the value of clay images, and thus their beauty and meaning, lies not only in their graceful shapes, brilliant colours and fearful expressions, but also in their fragility. The capacity of these images to be recycled, to be broken down as well as built up, is integral to the continuous and cyclical attitude toward life that they celebrate and exemplify.

Among the factors contributing to the impact of the subjects in Livick's photographs are two that have special relevance here. The first is their sacred nature. We are bound to respond with special emotional intensity to the sacred, the object of worship, regardless of the difference in form from religious objects of our own traditions. These photographs draw upon the sacred power of their subjects and can never be separate from them.

The second factor is the particular nature of the sacred images photographed. These are not finished or permanent objects but evolving parts of a cycle. The care, craftsmanship and finished quality of Livick's photographs themselves contrast dramatically with the transitory nature of the ritual moments captured. Through Livick's critical exploration and interpretation of clay images, one senses the potentiality of the sacred images.

Aside from Livick's masterful contribution to photography, a perhaps unintended impact of his work is to broaden our appreciation of the breadth of the image-making tradition beyond the more familiar and conventional permanent forms. The very images he has photographed no longer exist in material form except through the moments he has fixed.

Finally, Livick's photographs capture some of the power of the great city that he has chosen as his site. Calcutta offers an intensity of human emotions that each visitor carries away with them in their own way. The medium of the photograph enables this intensity to be shared through time and space.

NOTES

1. B.N. Goswamy and A.L. Dallapiccola, "A Small Studio in Madras," *The India Magazine*, 2, 12 (November 1982): 7.

2. G. Thomas, "Indian Courtesans in Cartes-de-Visite," *History of Photography*, 8, 2 (April-June 1984): 83.

3. During a 1984 lecture at the National Gallery of Canada.

4. Julian Crandall Hollick, "Amid Calcutta's Poverty, There's No Dearth of Cultural Wealth," *Smithsonian*, 22, 4 (July 1991): 33.

5. Samuel Bourne, "Photography in the East," *The British Journal of Photography*, July 1, 1863, p. 268. In Brij Bhushan Sharma, "Darogha Ubbass Alli: An Unknown 19th-Century Photographer," *History of Photography*, 7, 1 (January 1983): 63.

6. G. Thomas, "Babu Rajendra Lall Mitra," *History of Photography*, 8, 3 (July-Sept. 1984): 224.

7. James J. Preston, *Cult of the Goddess: Social and Religious Change in a Hindu Temple* (New Delhi: Vikas Publishing House, 1980), p. 61.

8. A. Volwahsen, *Living Architecture: Indian* (Calcutta: Oxford, 1969), p. 44.

9. Among the few exceptions to this for Bengal is the work of A. Varma, 1970.

BIBLIOGRAPHY

Alinder, James. "Acknowledgements." In *Mary Ellen Mark: Photographs of Mother Teresa's Missions of Charity in Calcutta, India. Untitled 39.* Carmel, California: The Friends of Photography, 1985.

Gutman, Judith Mara. *Through Indian Eyes*. New York: Oxford University Press, 1982.

Inglis, Stephen. "Creators and Consecrators: A Potter Community in South India." Ph.D. dissertation, University of British Columbia, 1984.

Szarkowski, John. "On Photographing the Buildings of Louis Sullivan." Public lecture during the National Gallery of Canada's Symposium "Photography and Architecture 1839 to the Present Day." Ottawa, September 29, 1984.

Varma, K. *The Indian Technique of Clay Modelling*. Santiniketan, India: Proddu, 1970.

BIOGRAPHICAL NOTE

Erica Claus is an anthropologist with a special interest in photography. She received a B.A. from the University of British Columbia and an M.A. from Carleton University based on research in language and gesture in South India. She curated the travelling exhibition "Come Together: Gatherings of the Sixties" for the Canadian Museum of Contemporary Photography. She currently works for the federal Department of Communications in Ottawa.

Stephen Inglis is an anthropologist who has studied artist communities in India. During two years of work in Calcutta, he earned an M.A. through Calcutta University. He holds his B.A. and Ph.D. from the University of British Columbia. He now works for the Canadian Museum of Civilization in Hull, Québec.

Claus and Inglis have completed several joint projects, both in Canada and India.

FORMES FLUIDES ET MOMENTS SUSPENDUS : IMAGES DE CALCUTTA

Les photographies…, dit-on, transmettent
la nature exacte du monde matériel, mais de fait,
ce qu'elles expriment est spirituel…[1]

Une magnifique déesse à dix bras, une créature démoniaque aux crocs dégouttant de sang ou des gens vaquant à leurs activités quotidiennes – autant d'images de Stephen Livick qui donnent matière à de multiples réflexions, abstraction faite de leurs remarquables qualités artistiques. C'est que les visages, les formes et les matériaux photographiés par Livick font partie d'un système symbolique et d'une organisation sociale fort complexes.

En Inde, le fait de photographier implique presque toujours des liens affectifs avec les sujets. Très communicatifs, les Indiens s'empressent d'inviter les étrangers à participer aux événements sociaux qui pourraient leur être interdits ailleurs. La tension entre l'observation et l'enregistrement ou la documentation d'un événement devient particulièrement aiguë dans les grandes villes où chaque prise de vue peut devenir prétexte à discussion et à échange. Quelles que soient ses intentions, le photographe ne peut pas garder ses distances longtemps, car les badauds le pressent de toutes parts et imposent leur présence à la caméra. Tous ces regards avides ont un effet de boomerang et voilà que c'est lui qui est observé, lui que l'on scrute.

Chez les Indiens, la photographie est aussi source de tension, particulièrement en matière de portrait. Dans beaucoup de collectivités, il est rare qu'une femme soit photographiée et lorsqu'elle l'est, dans des portraits de famille ou de groupe, l'accès aux photographies sera limité. Si, encadrées, elles sont accrochées au mur, un rideau de soie pourra les protéger des regards[2]. Mais ce sens de la modestie n'a jamais englobé les courtisanes et les prostituées, ce qui explique, du moins en partie, qu'il ait existé des photographies de ces femmes dès l'apparition du médium en Inde.

Aux yeux des Indiens, l'acte de photographier, surtout lorsqu'il s'agit d'images ou d'activités cultuelles, représente plus que leur simple transposition sur papier. L'image photographique tient de la réalité qu'elle dépeint. Plutôt qu'une représentation fidèle, elle peut être perçue comme un objet sacré qui participe à l'énergie sacrée au même titre que son sujet. Même si, comme l'a fait remarquer le conservateur américain John Szarkowski, « la photographie d'un édifice n'est pas l'édifice[3] », le contexte indien rend la question encore plus complexe.

Le pouvoir qu'aurait une photographie de participer à la puissance de son sujet permet de comprendre l'abondance d'images bidimensionnelles utilisées comme icônes dans les oratoires particuliers (voir page 24), les lieux ou véhicules publics. En Inde, on voit des images partout et les photographies, comme les autres images planes, n'ont rien d'inerte ou de neutre.

Parmi les grandes villes indiennes, Calcutta s'est taillée une réputation unique. Même chez les Bengali qui y vivent, y ont vécu ou la considèrent comme leur ville sans jamais y avoir vécu, elle suscite une fierté remarquable et une loyauté à toute épreuve. Calcutta est l'un des seuls endroits au monde où les hôteliers déconseillent aux clients de prendre des photographies dans les rues précisément parce que cela blesserait profondément les gens que leur pauvreté soit ainsi exhibée. Cauchemar du touriste non averti, Calcutta peut devenir une obsession pour ceux qu'elle a séduits.

La ville de Calcutta, dont la population actuelle dépasse les onze millions[4], a connu une croissance régulière depuis l'établissement de son port par la Compagnie anglaise des Indes orientales en 1690. Les villas délâbrées des vieux quartiers, aux pièces aujourd'hui souvent cloisonnées par des parents querelleurs, témoignent encore d'une richesse matérielle et d'un raffinement dans les moeurs qui rivalisent avec ceux des autres capitales de l'Empire britannique. Depuis lors, la surpopulation et l'entassement des pauvres, dont les rangs ont été gonflés au fil des générations par les dépossédés ruraux et surtout par les réfugiés de la restructuration postcoloniale, sont devenus synonymes de Calcutta dans le monde entier. Cela dit, c'est son dynamisme intellectuel, ses contributions aux arts et sa richesse culturelle plutôt que sa pauvreté matérielle qui ont fait sa réputation en Inde et qui continuent à attirer vers elle les chercheurs.

À plusieurs égards, l'histoire récente de Calcutta et celle de la photographie se recoupent. La photographie y est apparue en 1840, un an à peine après sa découverte par Daguerre en France, et elle s'y est vite fait des adeptes. C'est à la photographie que Calcutta doit sa célébrité, et cela, presque depuis les débuts du médium. En 1863, quand le photographe Samuel Bourne est arrivé en Inde, il s'est étonné de constater «qu'à Calcutta, il n'est pas rare de voir des ateliers photographiques indigènes»[5]. La Photographic Society of Bengal y existait depuis 1856[6].

Dans les portraits de cette période, on retrouve divers types indiens : dirigeants, familles riches, ruraux, travailleurs spécialisés, personnages des quartiers et amuseurs publics. Les premiers photographes s'intéressèrent aussi aux paysages, aux scènes pastorales, aux sujets civils et militaires, mais surtout aux monuments de pierre, aux grands temples et aux merveilles architecturales de valeur historique.

Ce que Livick nous donne à voir dans ses photographies représente une fenêtre sur une autre forme d'expression culturelle omniprésente et cyclique. Plutôt que des statues intemporelles logées dans des temples de pierre, les sculptures qu'il a photographiées sont faites de terre et s'inscrivent dans un processus qui culmine en leur destruction. Ainsi, ses oeuvres interprètent les formes éphémères en fixant un bref moment du cycle rituel. Ses portraits illustrent les types de personnes qui se trouvent dans les rues au même titre que les divinités et les festivals de leur culte.

Dans plusieurs parties de l'Inde, les images en terre cuite jouent un rôle central dans les festivals hindous annuels et on n'en trouve nulle part ailleurs de plus grandes ou de plus ornées qu'au Bengale. Calcutta, comme c'est le cas pour presque tous les aspects de la vie bengali, constitue le foyer de la tradition. Pendant la saison des festivals, chaque quartier devient en quelque sorte un petit village. Chaque comité de quartier passe sa commande à un atelier de potier et organise les étapes rituelles de l'installation, du culte, de la procession et de la destruction de ces images.

Le quartier de Kumartuli dans le nord de Calcutta et celui de Kalighat dans le sud sont les deux centres de fabrication de poterie les plus importants. Pendant les mois qui précèdent les grands festivals d'automne, les images en terre cuite en voie d'élaboration débordent des cours et des remises sur les sentiers et les rues, selon l'usage artisanal local. Les armatures de bois, les cordes et fibres de jute sur lesquelles les formes en glaise seront façonnées projettent des membres inachevés et les visages et les mains moulus sèchent bien alignés sur les bancs et les pavés.

Le premier de ces festivals est consacré à la déesse guerrière Durgâ qui a su vaincre l'erreur et l'ignorance représentées par un démon-buffle en furie. Les multiples mains de Durgâ scintillent d'armes pendant qu'à dos de lion, elle balaie tout sur son passage (voir page 18). Ce festival (*pûjâ*) de Durgâ est si central au cycle rituel bengali qu'on en parle souvent comme «*La* pûjâ».

Trois semaines après ce festival, c'est la fête de Kâlî, la déesse noire et mystique, protectrice de la famille hindoue et surtout des femmes bengali. Elle emploie toute sa rage à détruire le mal, souvent par une danse au cours de laquelle elle piétine le corps étendu de son compagnon Shiva qui protège ainsi la terre de sa fureur (voir page 20). D'autres versions représentent Kâlî absorbant miséricordieusement dans son propre corps le furieux seigneur Shiva pour protéger le monde de sa colère. Ces images de Kâlî sont montées sur une plateforme, parfois séparément, parfois accompagnées de ses compagnons sanguinaires, les démons Dâkinî et Yoginî (voir page 43).

Chacun de ces festivals peut durer plusieurs jours. Les images en terre cuite, habillées somptueusement et parées des bijoux les plus exquis, sont installées sur des plateformes dans un lot vacant ou au bout d'une rue sans issue du voisinage, dans un abri temporaire ou *pandal* (voir page 21). Les gens du quartier participent aux différents rites qui peuvent comprendre des offrandes sacrées de fleurs, de confiseries et de feu ainsi que des spectacles de danse en l'honneur de la présence divine. Durant toutes ces périodes, le jour comme la nuit, on fait jouer des enregistrements stridents de musique de films populaires, amplifiée aux limites des budgets et de la technologie.

Le tout culmine en une procession des images dans les rues, au crépuscule. Transportées de toutes les façons imaginables, sur des épaules humaines ou sur la plateforme d'un camion, les déesses flottent dans les rues vers la rivière Hooghly. À leur arrivée aux *ghats* ou approches du canal principal, les images sont portées jusqu'à la hauteur des épaules dans les eaux opaques déjà parsemées de guirlandes de fleurs à moitié englouties. Entraînées par les eaux limoneuses de la rivière, les images disparaissent dans un tourbillon de bras, de cheveux et de bijoux faits de papiers et de chair de fruits.

Partout en Inde, on vénère les divinités hindoues sous formes d'images. Les représentations des dieux et des déesses, coulées dans le bronze ou autres alliages estimés, sont reconnues par les historiens d'art comme la fleur de l'expression artistique hindoue. De telles images, logées dans de grands temples de pierre, sont le point de mire de rituels somptueux qui réaffirment sans cesse la présence divine. Lors des festivals annuels dans les grands temples, des images portatives, faites également de métaux précieux, sont transportées en grande cérémonie dans les rues avoisinantes, souvent sur de grands chariots de bois et des palanquins décorés.

Dans les temples des rues secondaires des villes et des villages et partout à la campagne, cependant, les images religieuses sont en général faites de pierre. Les plus simples sont faites de pierre ordinaire et reposent à découvert pour marquer un lieu consacré à un esprit, à un héros ou à une héroïne d'importance locale : périodiquement bénites, elles feront l'objet d'offrandes. On trouve aussi, surtout sur les tombeaux, des images en pierre plus travaillées de dieux ou de déesses. Ainsi, les images de pierre indiquent l'emplacement d'une divinité et le point de mire d'un lieu de pèlerinage, mais elles n'expriment que rarement la présence vitale de la divinité représentée. De telles divinités ne se manifestent pleinement que lors des festivals périodiques et, encore là, le plus souvent sous la forme d'images réalisées à partir de matériaux temporaires comme l'argile.

Alors que l'image de pierre ou en métal accumule sa force comme foyer de la présence divine au fil des décennies, des siècles et des millénaires, les images de terre cuite entament leur détérioration essentielle dès leur première utilisation lors d'un festival. Les images faites de matériaux permanents deviennent des symboles intemporels de l'omnipotence impassible des grandes divinités qu'elles représentent. Les images façonnées par les potiers et recréées au fil des saisons constituent des réceptacles appropriés pour les divinités locales qui règlent les flux et reflux de la vie quotidienne. Si intense est l'énergie et la «chaleur» symbolique de la présence divine lors d'un festival que, selon la croyance hindoue, l'immersion de l'image temporaire est essentielle au retour du calme[7].

Pour le *stapati* (architecte ou artisan), la construction d'un temple ou la fabrication d'une image constitue «l'acte permettant la conformité de l'existence désordonnée aux règles fondamentales qui la gouvernent[8]». Il en va de même pour l'ouvrage du potier. Alors que le stapati travaille la pierre dans un domaine où la matière doit être en mesure de résister jusqu'à l'éternité, le potier, lui, façonne la glaise dans un domaine où chaque produit est voué à sa propre destruction. Les images de terre cuite se décomposent et d'autres viennent les remplacer. Ce n'est pas la forme de l'image qui importe, mais le rituel lui-même qui est célébré à travers le cycle immuable de sa création, de sa vénération et de sa destruction.

C'est sans doute pour cette raison qu'on exclut généralement la fabrication d'images en terre cuite des études traditionnelles de l'art indien et qu'on retrouve si peu de photographies d'elles[9]. La nature même de leur matériau et leur destination fugitive rendent ces images difficiles à trouver et à identifier comme oeuvres d'art. La forme matérielle qu'on pourrait loger dans un musée ne représenterait inévitablement qu'une petite partie de ce qu'elle est, de ce qu'elle signifie. Le concept de lustre, si cher à l'histoire de l'art et si caractéristique de l'art indien, ne veut strictement rien dire lorsqu'il s'agit d'images en terre cuite; il en est de même pour la vaste gamme d'ouvrages éphémères que réalisent d'autres artisans indiens.

Pour les Bengali, la valeur de ces images en terre cuite – leur beauté et leur signification – est le fait non seulement de leurs formes gracieuses, de leurs couleurs éclatantes et de leurs expressions horrifiantes, mais aussi de leur fragilité. Leur capacité d'être recyclées, détruites et reconstruites constitue une partie essentielle du cycle continu de la vie qu'elles célèbrent et illustrent.

Parmi les éléments qui contribuent à la magnificence des sujets des photographies de Livick, on se doit ici d'en souligner deux tout particulièrement. D'abord, leur hiératisme. On ne manquera pas de réagir à l'élément sacré, à l'objet de culte sans égard aux différences formelles des objets de nos propres traditions. Ces photographies participent à la puissance sacrée de leurs sujets et ne peuvent s'en dissocier.

Le second élément concerne le caractère particulier des images photographiées. Il ne s'agit pas d'objets finis ou permanents, mais d'images faisant partie d'un cycle en évolution. Le soin, la déxtérité et la finition qui caractérisent les photographies de Livick s'opposent dramatiquement à la nature éphémère des moments du rituel qu'elles saisissent. Grâce à l'exploration critique de Livick et à son interprétation des images en terre cuite, on peut sentir l'imminence de l'énergie surnaturelle.

Mise à part sa magistrale contribution à la photographie, l'oeuvre de Livick enrichit notre appréciation de la tradition sculpturale indienne au-delà de ses manifestations permanentes plus familières et conventionnelles. Était-ce son intention? Il n'en demeure pas moins que les images photographiées par Livick n'existent plus sous leur forme matérielle, sauf à travers les moments qu'il a fixés.

Enfin, les photographies de Livick évoquent la puissance de la grande ville qu'il a adoptée comme site. Calcutta offre aux visiteurs une intensité d'émotions humaines que chacun ou chacune pourra faire sienne, à sa façon. Grâce au médium photographique, cette intensité se trouve suspendue dans le temps et dans l'espace.

NOTES

1. B.N. Goswamy et A.L. Dallapiccola. «A Small Studio in Madras», *The India Magazine*, Vol. 2, nº 12, novembre 1982, p.7.

2. G. Thomas. «Indian Courtesans in Cartes-de-Visite», *History of Photography*, Vol. 8, nº 2, avril-juin 1984, p. 83.

3. Au cours d'une conférence donnée en 1984 au Musée des beaux-arts du Canada.

4. Julian Crandall Hollick. «Amid Calcutta's Poverty, There's No Dearth of Cultural Wealth», *Smithsonian*, Vol. 22, nº 4, juillet 1991, p. 33.

5. Samuel Bourne. «Photography in the East», *The British Journal of Photography*, 1er juillet 1863, p. 268. Dans Brij Bhushan Sharma, «Darogha Ubbass Alli: An Unknown 19th-Century Photographer», *History of Photography*, Vol. 7, nº 1, janvier 1983, p. 63.

6. G. Thomas. «Babu Rajendra Lall Mitra», *History of Photography*, Vol. 8, nº 3, juillet-septembre 1984, p. 224.

7. James J. Preston. *Cult of the Goddess: Social and Religious Change in a Hindu Temple.* New Delhi : Vikas Publishing House, 1980, p. 61.

8. A. Volwahsen. *Living Architecture: Indian*. Calcutta : Oxford, 1969, p. 44.

9. Parmi les rares exceptions dans le cas du Bengale, l'ouvrage de A. Varma, 1970.

BIBLIOGRAPHIE

James Alinder. «Acknowledgements» dans *Mary Ellen Mark: Photographs of Mother Teresa's Missions of Charity in Calcutta, India, Untitled 39*. Carmel (Californie) : The Friends of Photography, 1985.

Judith Mara Gutman. *Through Indian Eyes*. New York: Oxford University Press, 1982.

Stephen Inglis. «Creators and Consecrators : A Potter Community in South India», thèse de doctorat, Université de la Colombie-Britannique, 1984.

John Szarkowski. «La photographie des édifices de Louis Sullivan», conférence donnée à Ottawa, le 29 septembre 1984, à l'occasion du symposium du Musée des beaux-arts du Canada intitulé : Photographie et architecture de 1839 à nos jours.

K. Varma. *The Indian Technique of Clay Modelling*. Santiniketan, Inde : Proddu, 1970.

NOTICE BIOGRAPHIQUE

Erica Claus est une anthropologue qui s'intéresse particulièrement à la photographie. Elle a reçu son baccalauréat ès arts de l'Université de la Colombie-Britannique et sa maîtrise de l'Université Carleton, où ses recherches ont porté sur la langue et la gestuelle dans le sud de l'Inde. Elle a été conservatrice de l'exposition itinérante «Les années soixante : le début d'un temps nouveau», présentée par le Musée canadien de la photographie contemporaine. Elle travaille actuellement pour le ministère fédéral des Communications, à Ottawa.

Stephen Inglis est un anthropologue qui a étudié les communautés d'artistes en Inde. Il a travaillé deux ans à Calcutta et il a reçu sa maîtrise de l'Université de Calcutta. Il détient un baccalauréat ès arts et un doctorat de l'Université de la Colombie-Britannique. Il travaille maintenant au Musée canadien des civilisations à Hull (Québec).

Erica Claus et Stephen Inglis ont réalisé plusieurs projets ensemble, tant ici au Canada qu'en Inde.

Few, if any, contemporary photographers have mastered the medium of gum bichromate to the extent that Livick has. While a cursory knowledge of the process is often acquired by students in non-silver photographic courses, successful application and innovation requires a long-term commitment and many hours of work. As with other non-commercial or historic processes, advancements have usually been made by a handful of photographers working in isolation.

Made popular during the late 1890s by pictorialist photographers such as Robert Demachy and Heinrich Kühn, the gum bichromate process lent itself to individualized treatment. Photographers could control the tones, choose the kind of paper, whether heavily textured or smooth, and could if they wished alter details in the negative during printing.

Livick integrates modern technology into the historic procedure. He has the commercial printing firm of Herzig Somerville make colour separations from his original transparencies using laser technology for optimal refinement. Three colour-separated negatives are made, one representing the yellow colour, one for red and one for blue, each enlarged to the size of the final image. When printed, in register, they create the full-colour print.

Prior to printing, Livick pre-shrinks the support paper in a bath of water and then sizes it with gelatin. Once the paper is dry, a hand-mixed, light-sensitive solution of gum arabic, potassium bichromate and yellow watercolour pigment is brushed on to cover a surface the size of the final image. When this has dried, the negative for the yellow areas is laid on the emulsion-coated paper and exposed to a strong ultra-violet light source for approximately five minutes. The print is then developed in baths of water. Any area exposed to the light hardens, while the pigment that has not been affected washes away. The print is left to dry for about a day, and the process is repeated twice more, once or the red tint and once for the blue, to produce a full-colour print. A clearing bath to rid the print of the bichromate stain and a final washing and drying followed by spot-toning completes the print production.

Humidity, temperature, and other variables play havoc with the process. Livick has remarked with ironic humour that, assuming the paper has not shrunk too much or too little each day and that you have no coating problems, and no blotching or breaking up of the gum emulsion, each print takes only a week to produce.

PROCÉDÉ À LA GOMME BICHROMATÉE

Très peu de photographes contemporains, s'il en est, peuvent prétendre à une maîtrise du procédé à la gomme bichromatée égale à celle de Livick. Même s'il est possible pour un étudiant d'en acquérir une connaissance superficielle dans les cours sur les procédés non argentiques, réussir son application et savoir innover en ce domaine exige un engagement à long terme et un labeur incessant. Comme c'est souvent le cas avec d'autres procédés non commerciaux ou anciens, les progrès ont été le fait d'une poignée de solitaires.

Rendu populaire dans les années 1890 par les photographes pictorialistes, tels Robert Demachy et Heinrich Kühn, le procédé à la gomme bichromatée se prêtait bien aux traitements individualisés. En effet, il permettait au photographe de contrôler les tonalités, de choisir des papiers grenus ou lisses et même de modifier certains détails du négatif lors de l'impression.

Livick, lui, combine la technologie moderne au procédé ancien. Il fait faire la sélection des couleurs de ses diapositives originales par l'imprimerie Herzig Somerville, qui utilise un procédé au laser afin d'obtenir la plus grande précision possible. Trois négatifs sont ainsi obtenus, un pour le jaune, un pour le rouge et un pour le bleu, et agrandis aux dimensions de l'image voulue. L'impression de ces trois négatifs, en registre, permet de recomposer tout le spectre des couleurs.

Avant l'impression, Livick fait rétrécir le support de papier dans un bain d'eau puis le recouvre d'un apprêt à la gélatine. Quand le papier est séché, il applique au pinceau sa propre solution photosensible de gomme arabique, de potassium bichromaté et de pigment jaune pour aquarelle sur une surface de la grandeur de l'image souhaitée. Une fois sec, le négatif des surfaces jaunes est appliqué sur le côté sensible du papier et exposé à une source lumineuse ultraviolette intense durant environ cinq minutes. L'épreuve est alors développée dans des bains d'eau. Toute surface ayant été exposée à la lumière durcit alors que le pigment non affecté disparaît au rinçage. L'épreuve est mise à sécher pendant un jour environ puis le procédé est refait à deux reprises, une fois pour la couche donnant le rouge et une fois pour celle donnant le bleu afin d'obtenir toute la palette des couleurs. Il procède alors à un bain de nettoyage qui éliminera les taches de colorant bichromaté de l'épreuve. Enfin, un dernier lavage et séchage suivi de retouches complète le processus.

L'humidité, la température et d'autres variables peuvent tout faire échouer. Livick a déjà fait remarquer ironiquement que si le papier n'a pas trop ou trop peu rétréci chaque jour, si l'application de l'émulsion se fait sans problèmes et si elle n'est pas contaminée par des taches ou craquelée, chaque épreuve ne prend qu'une petite semaine à réaliser.

GUM BICHROMATE PRINTS

ÉPREUVES À LA GOMME BICHROMATÉE

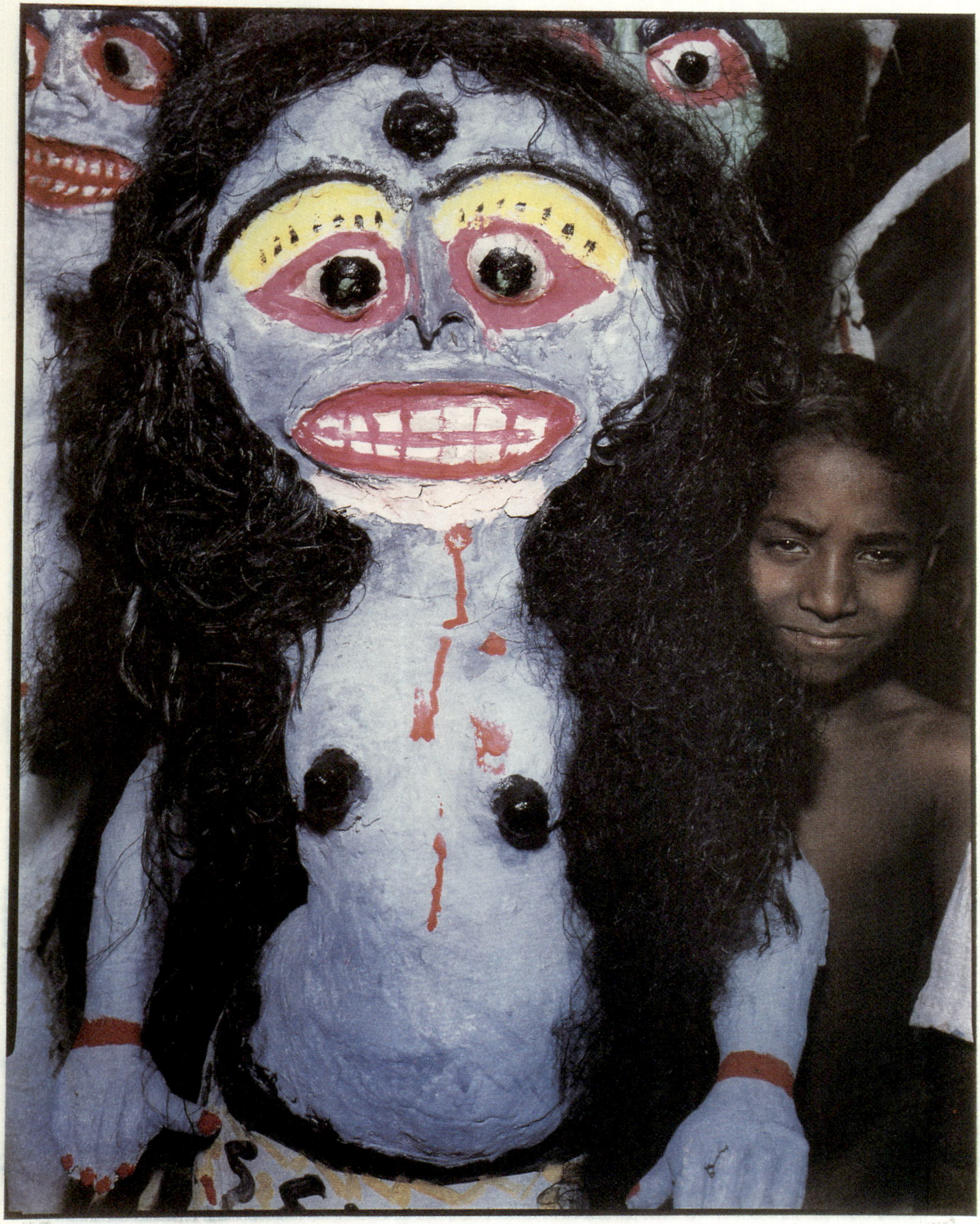

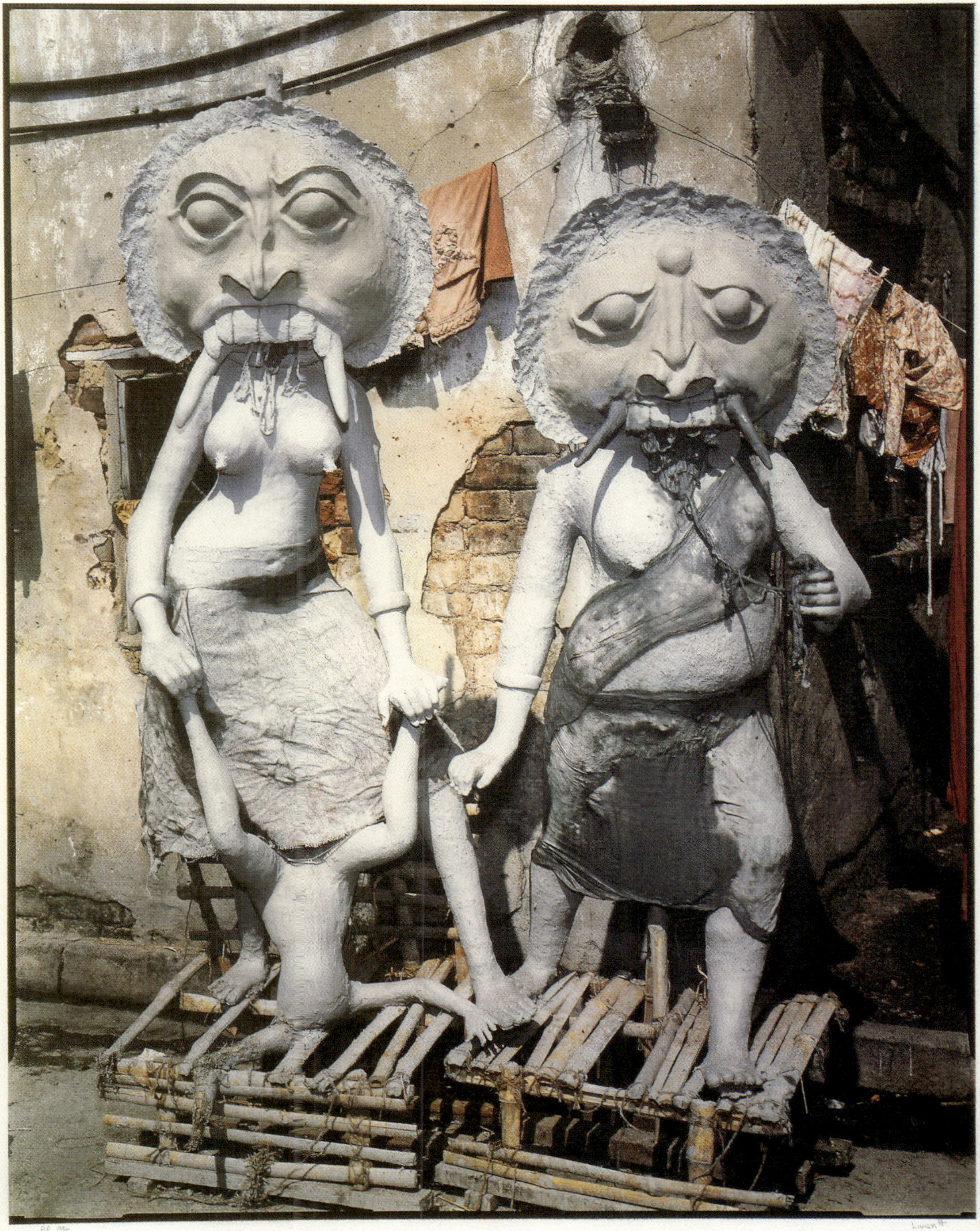

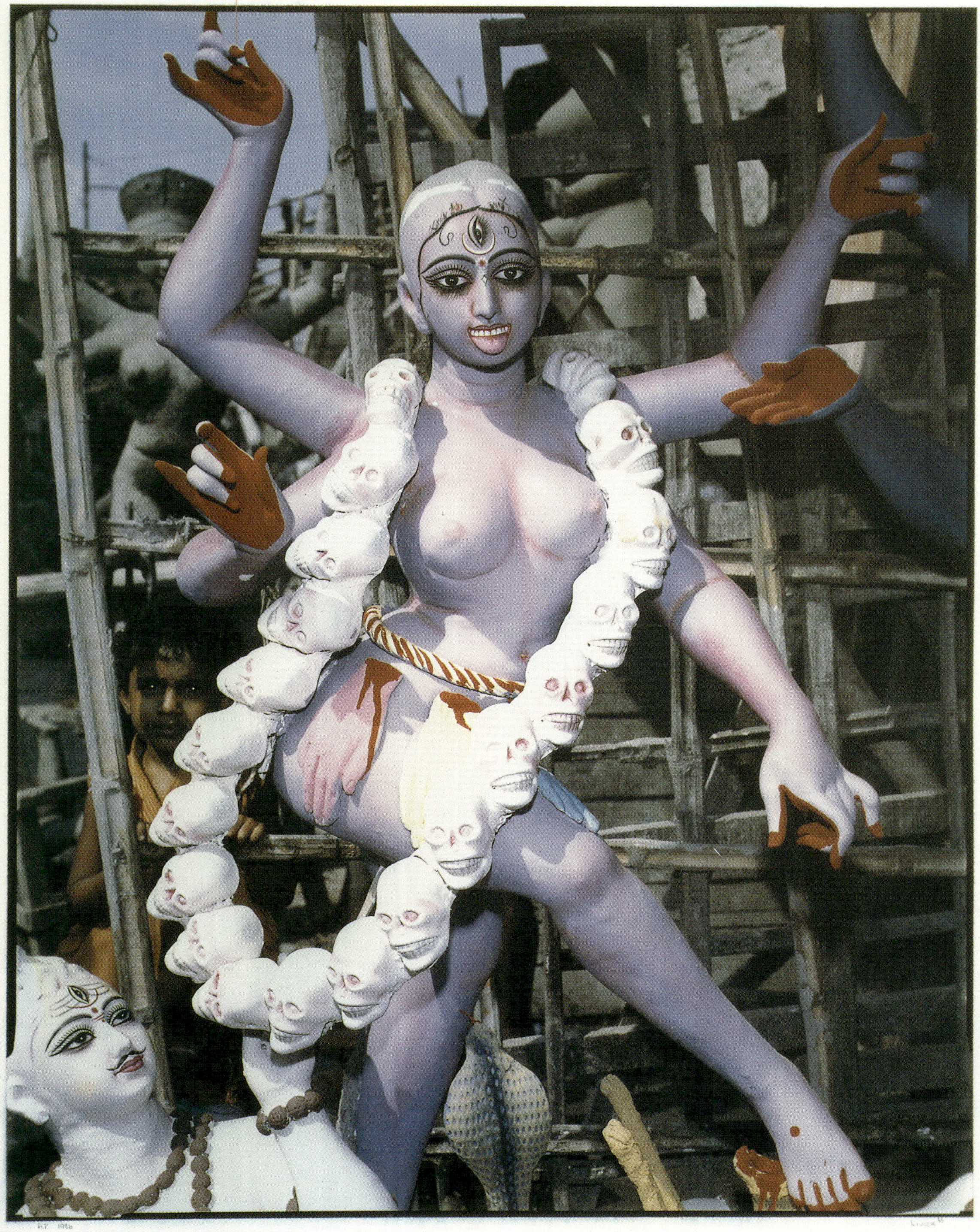

A.P. 1986

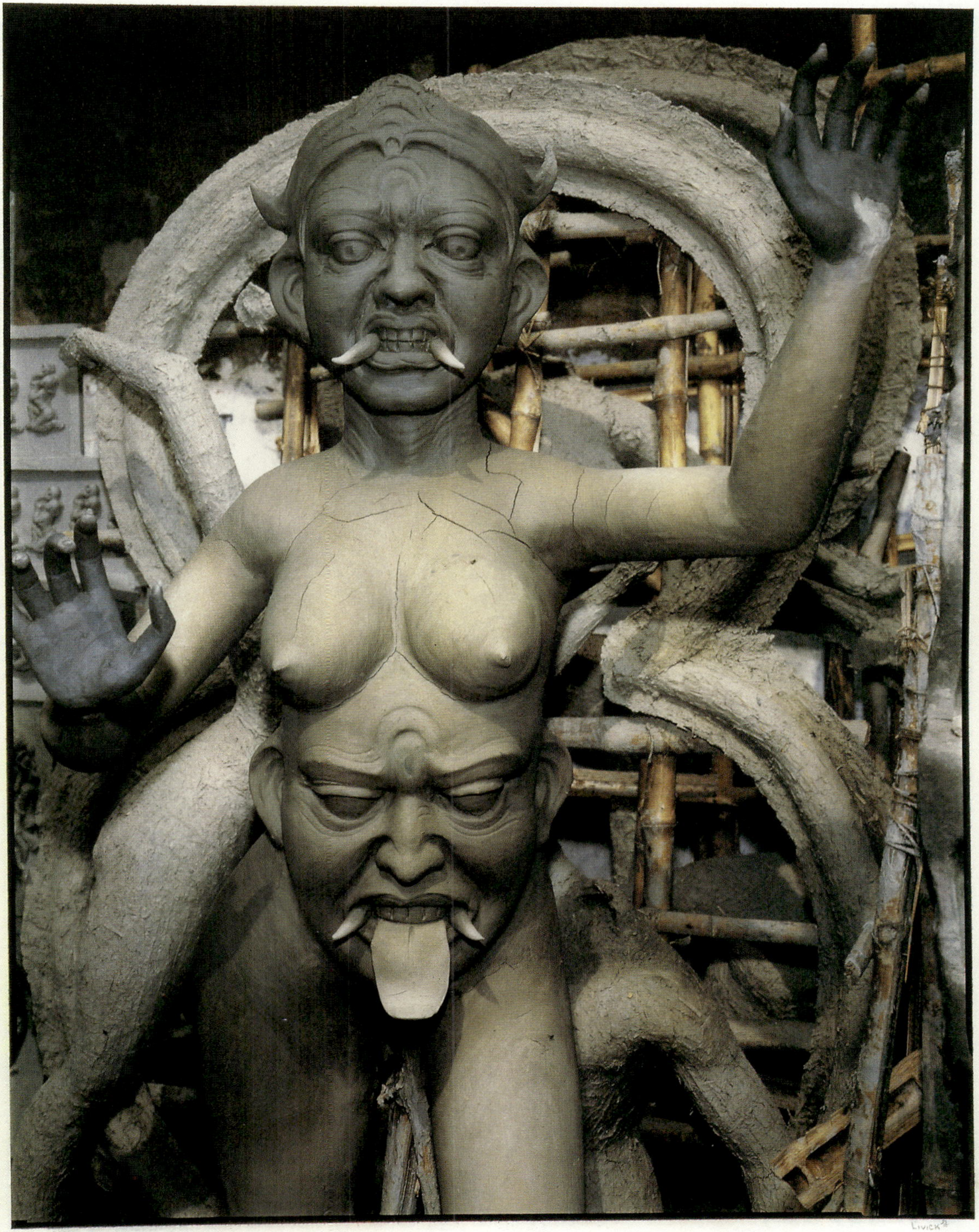

RP'86 LIVICK

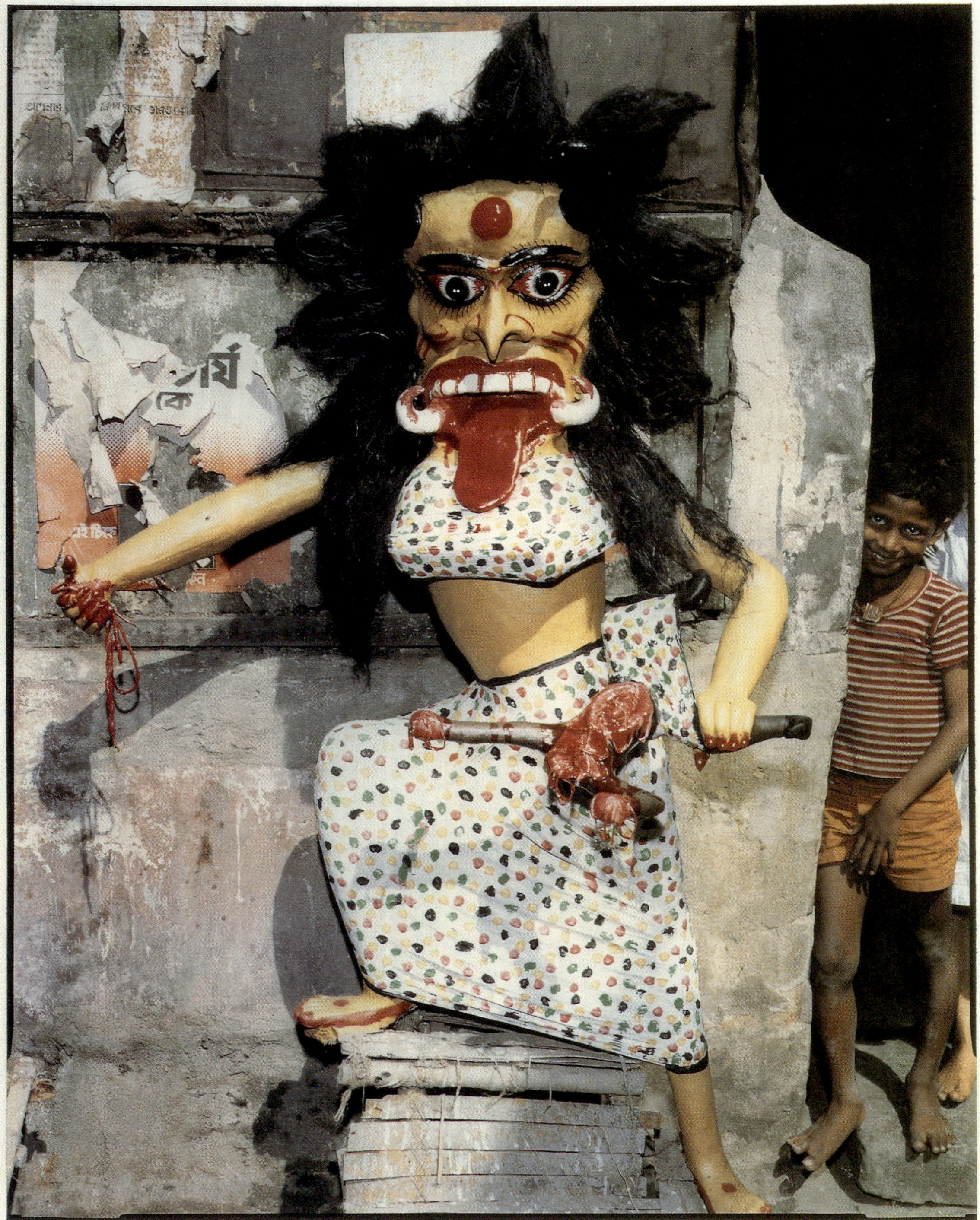

A.P. 1986 LINICK

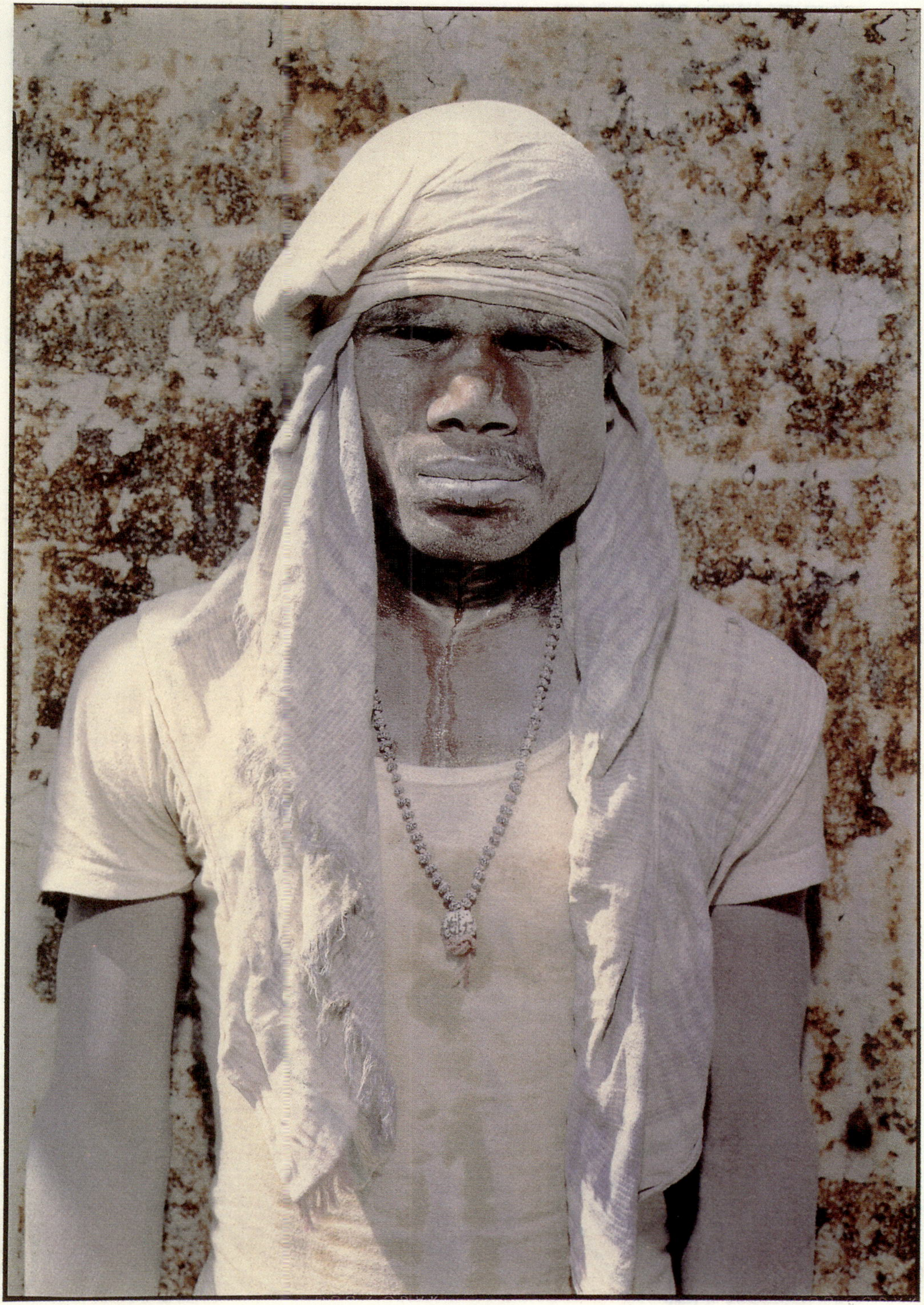

1987 2/12

Luck

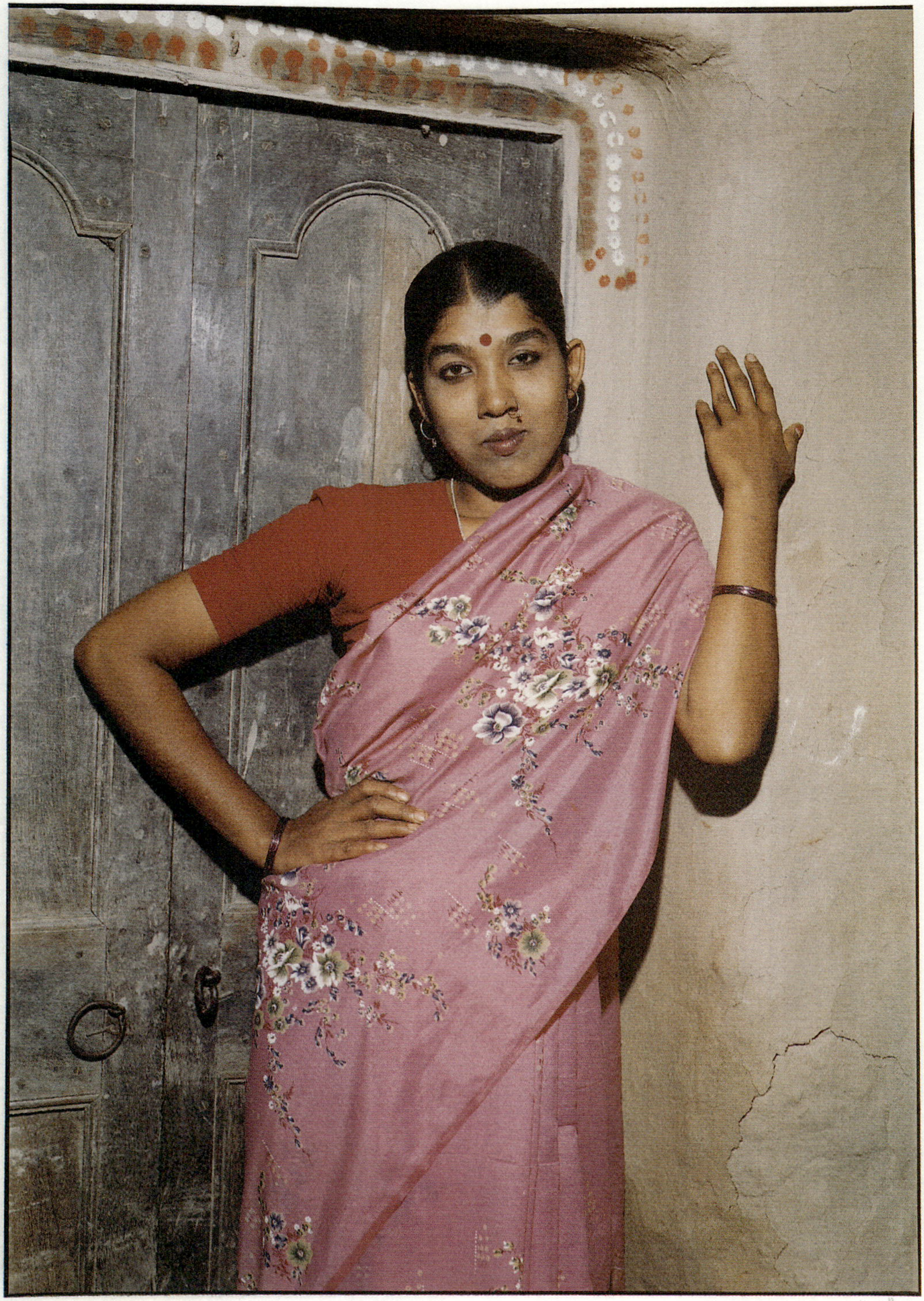

1987 2/12

Livick 87

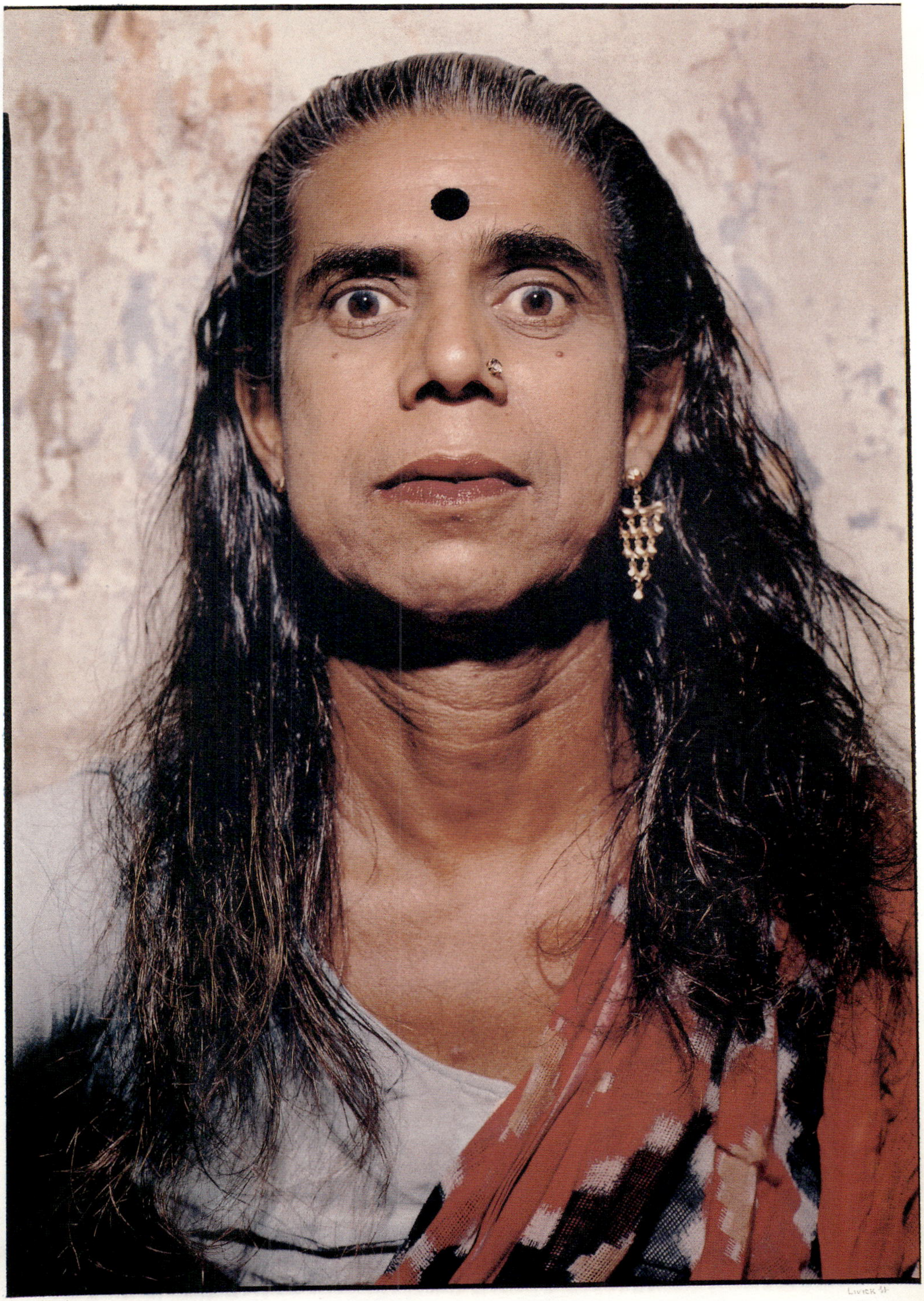

1987 1/12 Livick

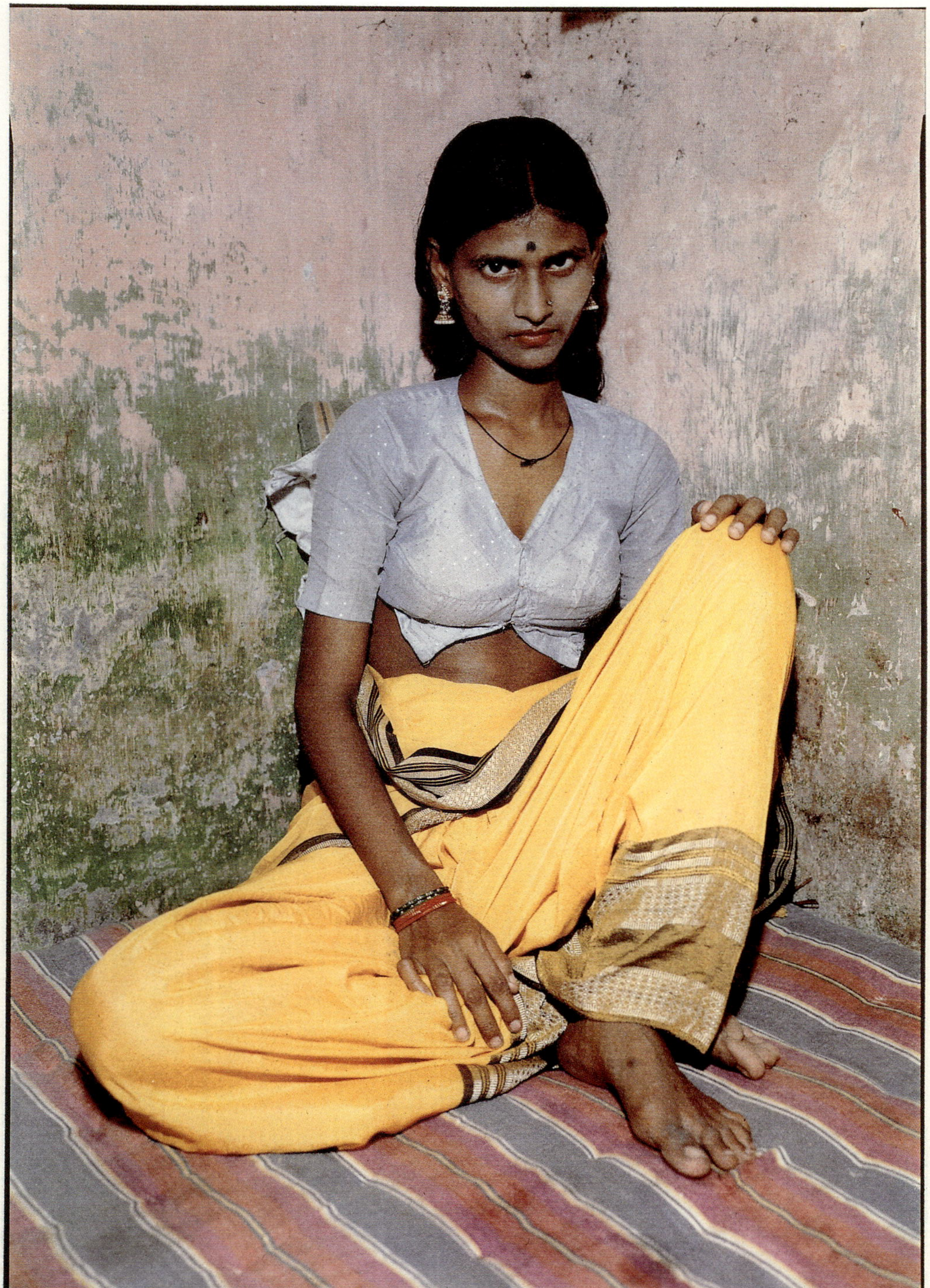

1987 2/12

Livick

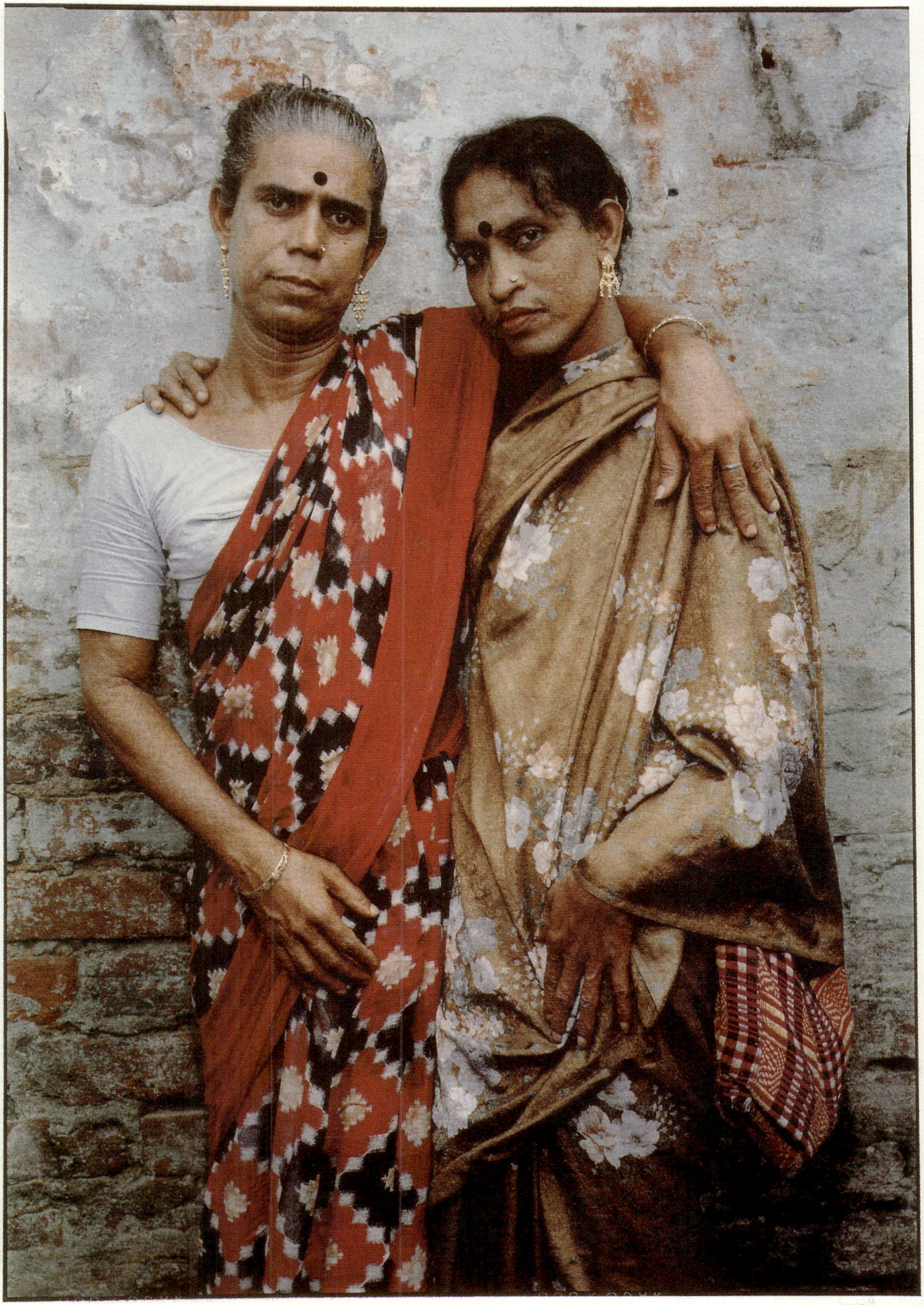

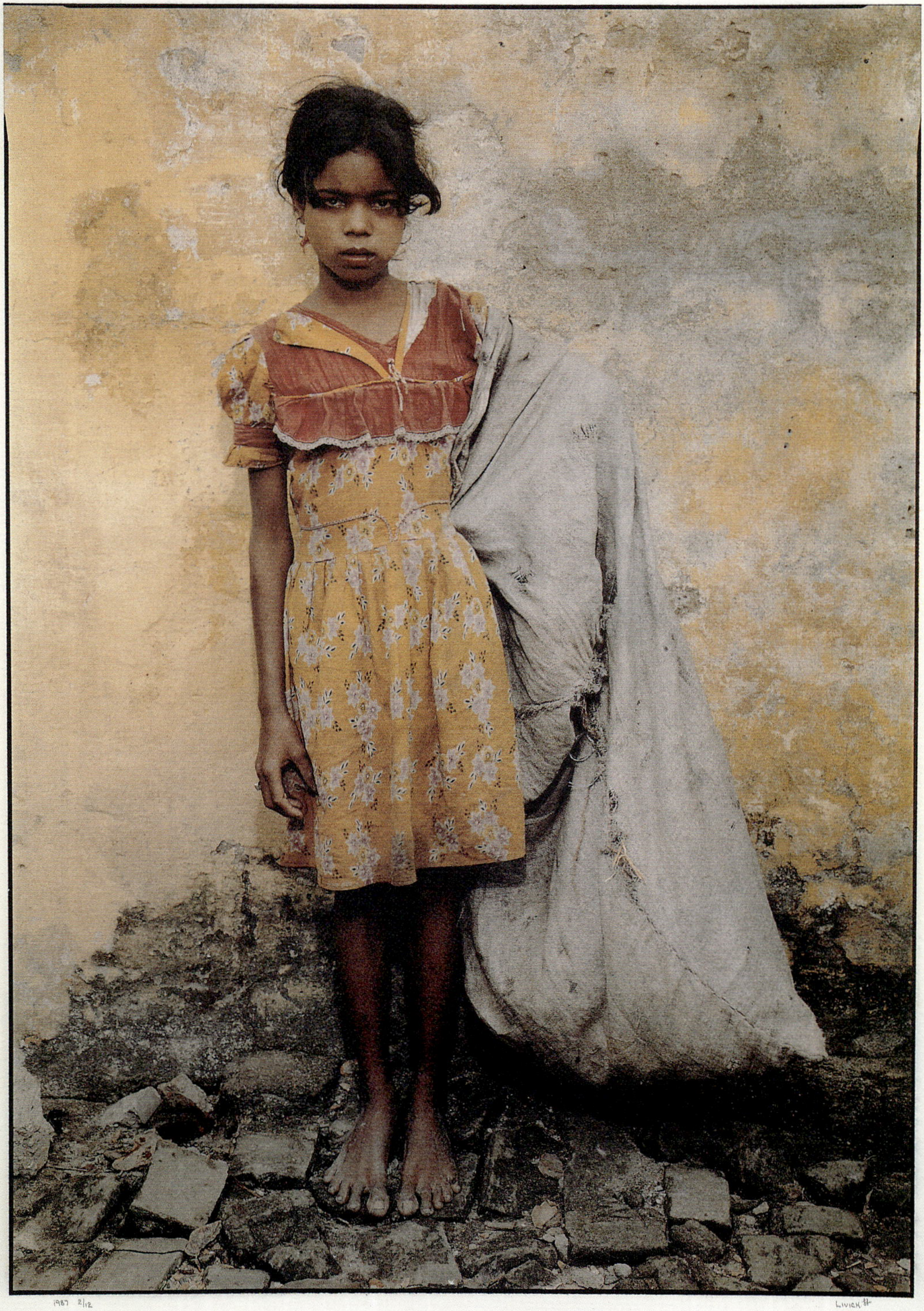

1987 2/12

LIVICK

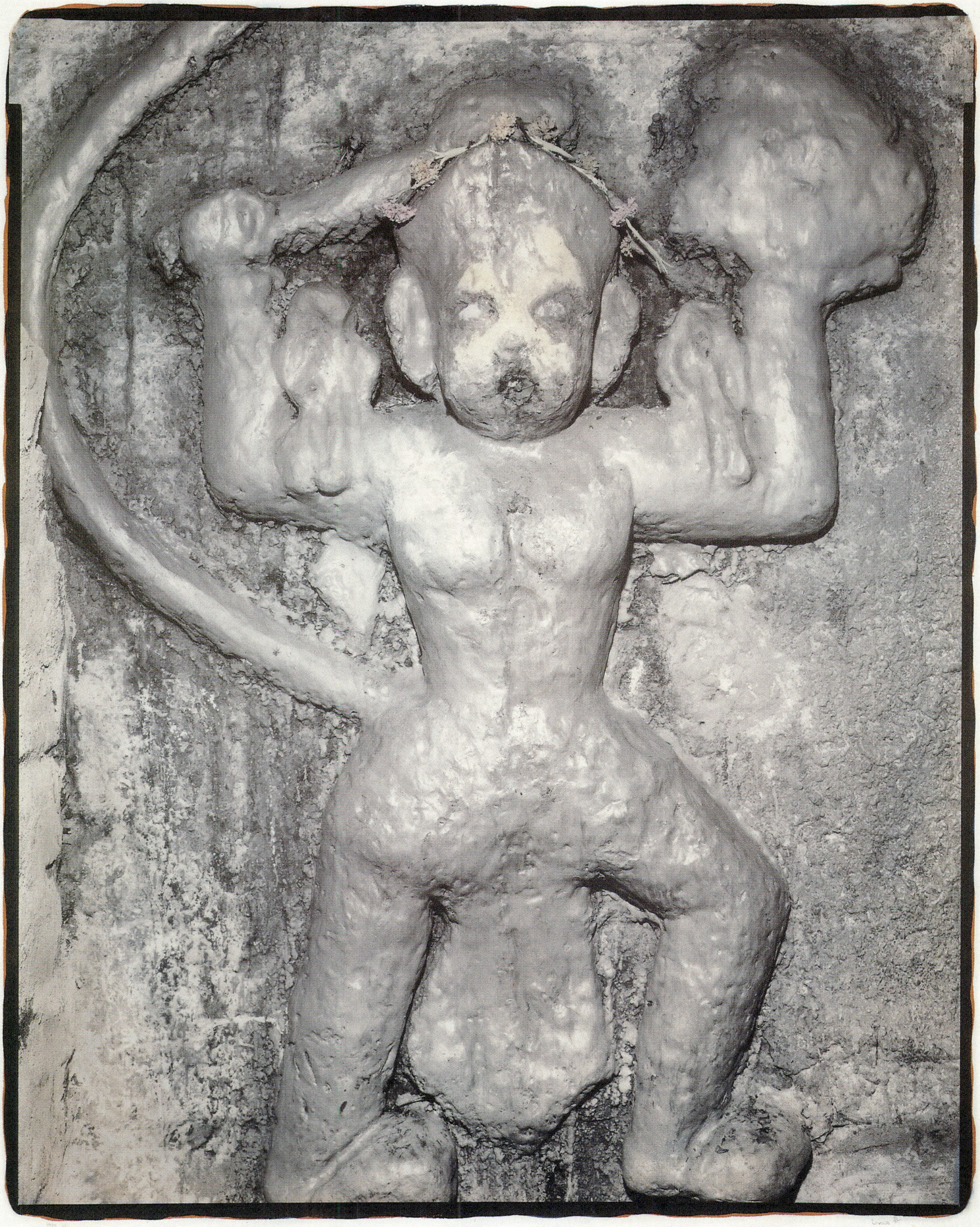

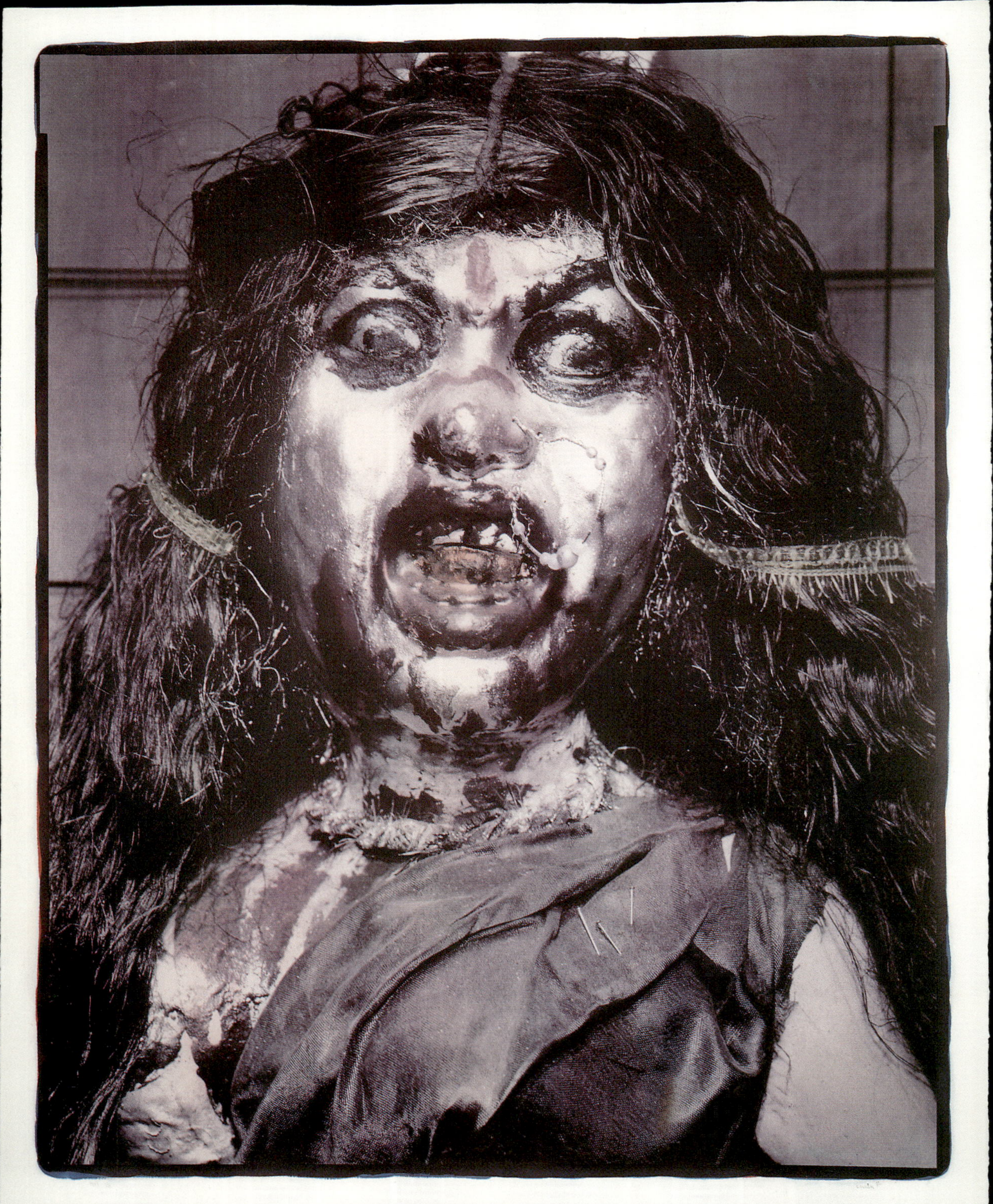

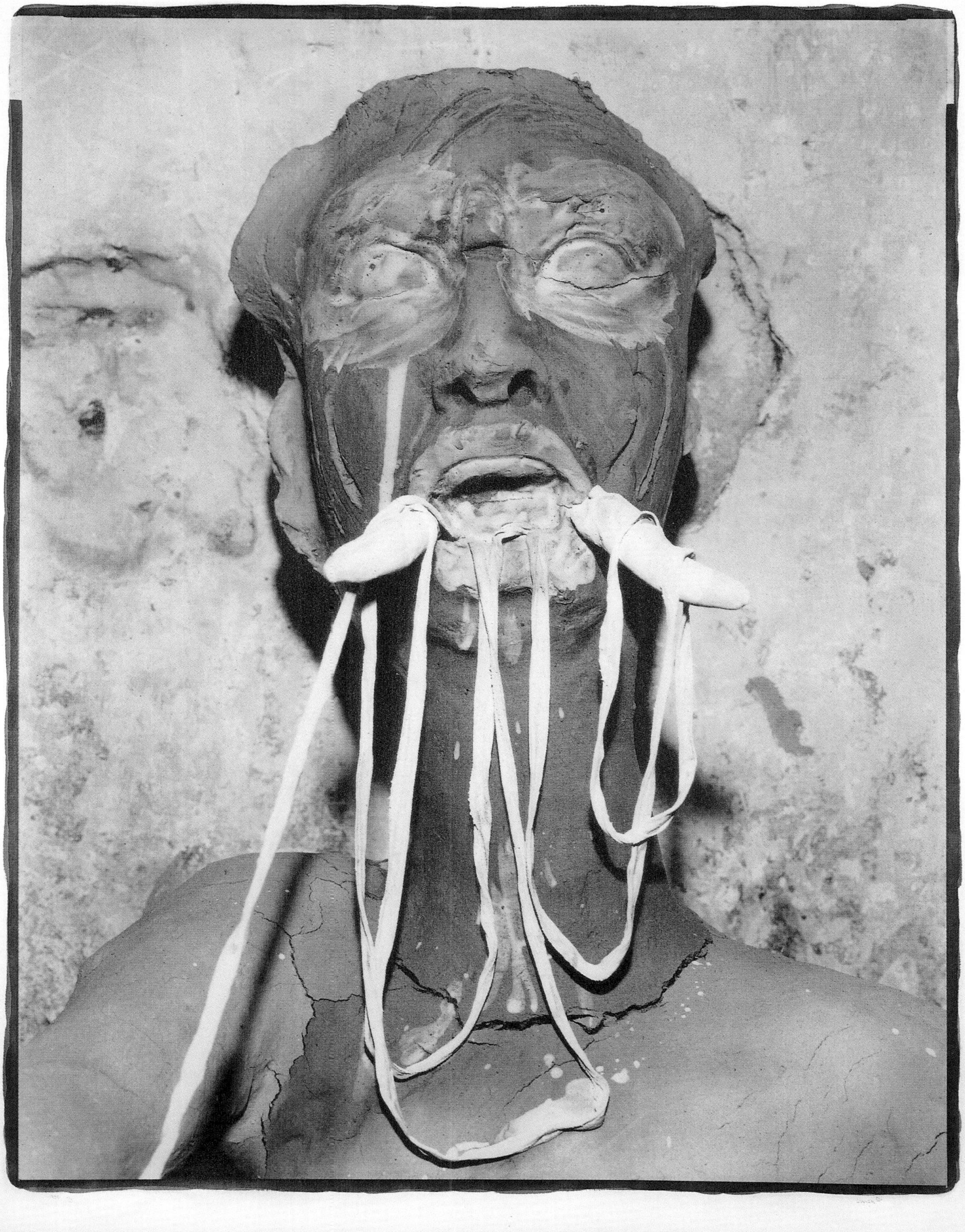

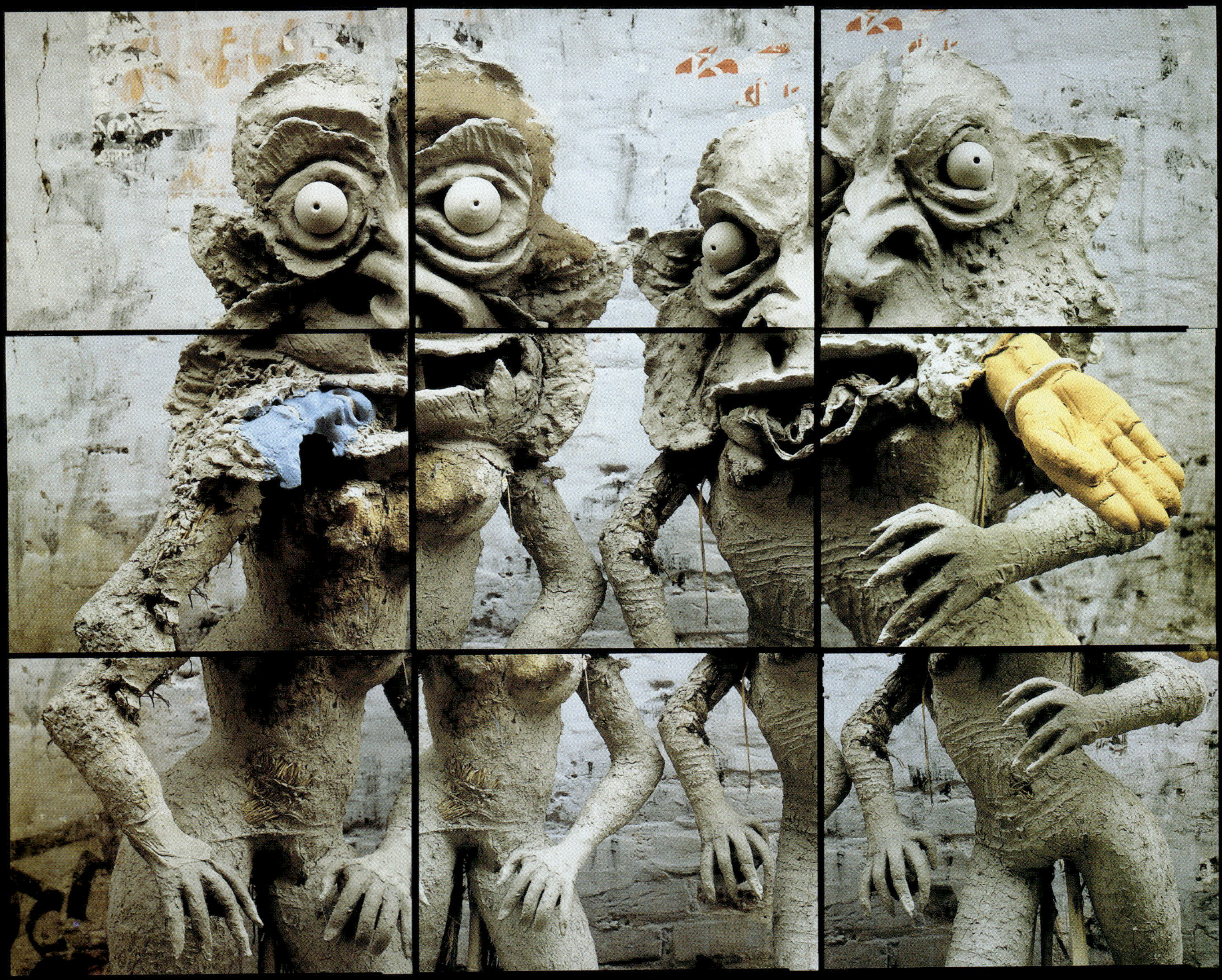

WORKS IN THE EXHIBITION

OEUVRES EXPOSÉES

All prints are in the collection of the Canadian Museum of Contemporary Photography unless otherwise noted. Since the prints are ***Untitled***, CMCP's acquisition numbers and Livick's descriptions of the photographs have been included to aid identification. The photographs are grouped by date and medium. Also listed are approximate print size, print edition, and donor or lender, where applicable. For image size, height precedes width.

Les oeuvres exposées font partie de la collection du Musée canadien de la photographie contemporaine, sauf indication contraire. Parce que les épreuves sont toutes ***Sans titre***, les numéros d'acquisition du Musée et les descriptions de Livick ont été fournis à des fins d'identification. Par ailleurs, les photographies ont été regroupées en fonction de la date et du médium. Mention est également faite des dimensions approximatives de l'épreuve, du tirage ainsi que du donateur ou du prêteur, le cas échéant. Dans les dimensions données, la hauteur précède la largeur.

1984 GELATIN SILVER PRINTS/ÉPREUVES ARGENTIQUES
51 cm x 62 cm
Artist's proof/Épreuve de l'artiste

PAGE 18 Durga in potters' workshop/
Durgâ dans un atelier de potiers
Gift of Ernest Herzig/
Don de Ernest Herzig
EX-87-238

PAGE 19 Durga and potters/
Durgâ et les potiers
EX-85-140

PAGE 20 Kali in street workshop/
Kâlî dans un atelier sur la rue
EX-85-138

PAGE 21 Small Kali with pandal/
Petite Kâlî et pandal
EX-85-132

Street pandal, Calcutta/
Pandal de rue, Calcutta
Gift of Ernest Herzig/
Don de Ernest Herzig
EX-87-228

Kali with pandal, Calcutta/
Kâlî et pandal, Calcutta
Gift of Ernest Herzig/
Don de Ernest Herzig
EX-87-232

PAGE 22 Demons in Kumartuli workshop/
Démons dans un atelier,
à Kumartuli
EX-85-139

PAGE 23 Kali with potters/
Kâlî et les potiers
EX-85-136

Hanuman, Kumartuli
EX-85-130

PAGE 24 Child with household shrine,
Bombay/Enfant et
oratoire particulier, Bombay
EX-85-131

Private shrine, Bombay/
Oratoire particulier, Bombay
Gift of Ernest Herzig/
Don de Ernest Herzig
EX-87-230

1985 GUM BICHROMATE PRINTS/ÉPREUVES À LA GOMME BICHROMATÉE
81 cm x 64 cm
Artist's Proof/Épreuve de l'artiste

COVER Kali partially painted/
Kâlî partiellement peinte
EX-91-210-C
Gift of Eleanor Pattenick/
Don de Eleanor Pattenick

PAGE 42 Blue demon and boy/
Démon bleu et garçon
EX-91-215-C
Gift of Eleanor Pattenick/
Don de Eleanor Pattenick

PAGE 43 Two demons/
Deux démons
EX-91-212-C
Gift of Eleanor Pattenick/
Don de Eleanor Pattenick

PAGE 44 Kali and child/
Kâlî et l'enfant
EX-91-208-C
Gift of Eleanor Pattenick/
Don de Eleanor Pattenick

PAGE 45 Kali with Shiva/
Kâlî et Shiva
EX-91-209-C
Gift of Eleanor Pattenick/
Don de Eleanor Pattenick

Kali in potters' workshop/
Kâlî dans un atelier de potiers
EX-91-211-C
Gift of Eleanor Pattenick/
Don de Eleanor Pattenick

PAGE 46 Demon with boy/
Démon et garçon
EX-91-213-C
Gift of Eleanor Pattenick/
Don de Eleanor Pattenick

Demon with children/
Démon et enfants
EX-91-214-C
Gift of Eleanor Pattenick/
Don de Eleanor Pattenick

1987 GUM BICHROMATE PRINTS/ÉPREUVES À LA GOMME BICHROMATÉE
93 cm x 65 cm
Edition/Tirage 2/12

PAGE 47 Limeworker/
Travailleur de la chaux
EX-88-213-C

Woman resting/
Femme au repos
Lent by Stephen Livick/
Prêt de Stephen Livick

Woman in burka/
Femme en burka
EX-88-210-C

PAGE 48 Woman in doorway/
Femme dans une
embrasure de porte
EX-88-212-C

PAGE 49 Hijra with black bindi/
Travesti au bindi noir
EX-88-211-C

Hijra in red sari/
Travesti en sari rouge
Lent by Stephen Livick/
Prêt de Stephen Livick

1987 CONTINUED/SUITE

PAGE 50 Woman in yellow sari/
Femme en sari jaune
EX-88-216-C

PAGE 51 Hijra friends/
Travestis amis
EX-88-217-C

PAGE 52 Rag picker in yellow dress/
Ramasseuse en robe jaune
EX-88-215-C

Rag picker in striped red dress/
Ramasseuse en robe rouge rayée
EX-88-214-C

1989 GUM BICHROMATE PRINTS/ÉPREUVES À LA GOMME BICHROMATÉE

152 cm x 121 cm

PAGE 53 Hanuman
Edition/Tirage 1/6
Gift of Eleanor Pattenick/
Don de Eleanor Pattenick
EX-91-207-C

PAGE 54 Silver demon/
Démon argenté
Edition/Tirage 1/2
EX-91-205-C

PAGE 55 Wailing deity/
Divinité gémissante
Edition/Tirage 1/3
Gift of Eleanor Pattenick/
Don de Eleanor Pattenick
EX-91-206-C

Unfinished demon/
Dêmon inachevé
Lent by Stephen Livick/
Prêt de Stephen Livick

Costumed demon/
Démon déguisé
Lent by Stephen Livick/
Prêt de Stephen Livick

1991 GUM BICHROMATE MURALS/MURALES À LA GOMME BICHROMATÉE

Prints / Épreuves 79 cm x 99 cm each / chacune
Edition / Tirage 1/3
Lent by Stephen Livick/Prêt de Stephen Livick

Kali by blue wall/
Kâlî devant un mur bleu
Nine prints/neuf épreuves

PAGE 56 Clay demons/
Démons d'argile
Nine prints/neuf épreuves

Demons for Kali puja/
Démons pour la pûja de Kâlî
Fifteen prints/quinze épreuves

STEPHEN LIVICK: BIOGRAPHICAL NOTE

Born in 1945 near Leeds, England, Stephen Livick grew up in Montreal. He had no formal education in photography. At the age of 27, he gave up a career as a commercial photographer to pursue his own interests in photography. He now lives and works in London, Ontario.

Livick is a master of technique whose far-ranging photographic practice has included the use of a variety of films and camera formats to produce gelatin silver prints, platinum, cyanotype and gum bichromate prints. His work can be found in the following public collections:

- Agnes Etherington Art Centre, Queen's University, Kingston, Ontario
- Art Gallery of Hamilton, Hamilton, Ontario
- Art Gallery of Ontario, Toronto, Ontario
- The Baltimore Museum of Art, Baltimore, Maryland
- Canada Council Art Bank, Ottawa, Ontario
- Canadian Museum of Contemporary Photography, Ottawa, Ontario
- Corcoran Gallery of Art, Washington, D.C.
- Fogg Art Museum, Cambridge, Massachusetts
- The High Museum of Art, Atlanta, Georgia
- International Museum of Photography at George Eastman House, Rochester, New York
- London Regional Art Gallery, London, Ontario
- Macdonald Stewart Art Centre, Guelph, Ontario
- McIntosh Gallery, University of Western Ontario, London, Ontario
- Museum of Modern Art, New York, New York
- National Gallery of Canada, Ottawa, Ontario
- Sarnia Public Library and Art Gallery, Sarnia, Ontario
- Winnipeg Art Gallery, Winnipeg, Manitoba

STEPHEN LIVICK : NOTICE BIOGRAPHIQUE

Né en 1945 près de Leeds, en Angleterre, Stephen Livick a été élevé à Montréal. Photographe autodidacte, il décide à l'âge de 27 ans de renoncer à une carrière en photographie commerciale pour se consacrer à ses propres projets. Il habite et travaille maintenant à London (Ontario).

Technicien émérite, Livick s'est intéressé à une vaste gamme de pratiques photographiques comportant l'utilisation d'une variété de pellicules et de formats d'appareils pour produire des épreuves argentiques à la gélatine, des épreuves au platine, des cyanotypes et des épreuves à la gomme bichromatée. Ses oeuvres se trouvent dans les collections publiques suivantes :

Agnes Etherington Art Centre, Queen's University, Kingston (Ontario)
Art Gallery of Hamilton, Hamilton (Ontario)
Musée des beaux-arts de l'Ontario, Toronto (Ontario)
The Baltimore Museum of Art, Baltimore (Maryland)
Banque d'oeuvres d'art du Conseil des arts, Ottawa (Ontario)
Musée canadien de la photographie contemporaine, Ottawa (Ontario)
Corcoran Gallery of Art, Washington, D.C.
Fogg Art Museum, Cambridge (Massachusetts)
The High Museum of Art, Atlanta (Géorgie)
International Museum of Photography at George Eastman House, Rochester (New York)
London Regional Art Gallery, London (Ontario)
Macdonald Stewart Art Centre, Guelph (Ontario)
McIntosh Gallery, University of Western Ontario, London (Ontario)
Museum of Modern Art, New York (New York)
Musée des beaux-arts du Canada, Ottawa (Ontario)
Sarnia Public Library and Art Gallery, Sarnia (Ontario)
Winnipeg Art Gallery, Winnipeg (Manitoba)

ACKNOWLEDGEMENTS

When I began this portfolio in 1984, little did I imagine it would consume me for eight years. A project of this scale is never accomplished without the support and assistance of many people. One individual who helped me on numerous other portfolios and who was with me from the beginning of this project was Ernie Herzig, president of Herzig Somerville Ltd., Toronto. He gave of his time, his thoughts and his expertise. Saying thank you to Ernie is so inadequate. I can never thank him enough, but perhaps what I can do is to pass on his spirit of altruism and give to someone else as Ernie has to me.

Other people who were important to this project include: Erik Olesen, president of Hayden Photographics, Toronto, who has helped me from way back and who continues believing in me and my work; Bill Hughes, owner of FilmWorks Inc., London, Ontario, who generously opened his lab to me and who always lent an ear to my latest idea; and Michael Mayzel, vice-president of Daymen Photo Marketing, Toronto, who came to my aid so many times and who is always thinking in my behalf.

While working in India, especially in Calcutta, I was assisted by a multitude of individuals who moved equipment or simply guarded it, did crowd control, and helped obtain permission for me to work in an area. I would like to thank Babar Khan, who not only worked with me as my assistant but looked after me as well. Thanks also to his numerous friends who were always there when we needed them, and to Desmond Cooper, who assisted my travelling outside Calcutta in 1989. I am especially indebted to Mr. and Mrs. A. Latif, who not only opened their home to me but treated me as family. Without the support of the Latif family, particularly Tasnim Latif in 1987, it would have been a much harder endeavour.

Here at home, people came in and out of the project but it was that combined effort that moved the work forward. Thanks to Uwe Mummenhoff, president of Daymen Photo Marketing, Toronto; Harry Mayzel, Toronto; Ron Silverstein, president of Vistek, Toronto; Peter Spring, president of Apaco Imaging Labs, London, Ontario; Eleanor Pattenick, Toronto; Ben Woolfitt, president of Woolfitt's Art Enterprises Inc., Toronto; Anne Fairlie, manager of The Adventure Centre, Toronto; Dale Lackey, London, Ontario; and Alastair McIlwhan and all his technical staff at Herzig Somerville, Toronto.

Thanks to everyone at CMCP for waiting so patiently all these years and for their hard work in producing this show. Many thanks especially to Martha Hanna, associate curator at CMCP, for believing in the project when many times all she had to go on was my verbal description of what I was going to do. Thank you for your understanding and for allowing me the time I needed.

And finally I come to the most deeply felt thank-you of all: to Karen, who shared in everything and who continues sharing.

Stephen Livick

REMERCIEMENTS

Quand j'ai entamé ce portfolio en 1984, j'étais très loin de m'imaginer que j'y consacrerais huit années. Un projet de cette envergure ne se réalise jamais sans le concours d'un grand nombre de personnes. Parmi elles, je dois remercier particulièrement Ernie Herzig, président de Herzig Somerville Ltd. de Toronto, qui après m'avoir si souvent aidé dans le passé a accompagné ma démarche tout au long de ce projet en ne ménageant ni son temps, ses idées et son expertise. Lui dire toute ma gratitude m'apparaît impossible. Peut-être le pourrais-je en faisant preuve à mon tour du même dévouement envers autrui.

Mais je dois aussi beaucoup à Erik Oleson, président de Hayden Photographics, Toronto, qui m'a aidé depuis fort longtemps et qui a continué à croire en moi et en mon travail; à Bill Hughes, propriétaire de FilmWorks Inc., London (Ontario), qui m'a ouvert son laboratoire et a toujours su prêter l'oreille à mes idées; et à Michael Mayzel, vice-président de Daymen Photo Marketing, Toronto, qui m'a maintes fois secouru et qui pense toujours à tout pour moi.

Lors de mes séjours en Inde, et surtout à Calcutta, de nombreuses personnes m'ont aidé à transporter ou à surveiller le matériel, à entretenir de bonnes relations avec les curieux dans la rue et à obtenir les différentes permissions requises. Je veux remercier Babar Khan, qui a non seulement travaillé avec moi comme assistant, mais a su prendre soin de ma personne. J'aimerais également exprimer ma reconnaissance envers ses nombreux amis qui étaient toujours là quand nous avions besoin d'eux ainsi qu'à Desmond Cooper qui m'a secondé lors de mon voyage à l'extérieur de Calcutta, en 1989. Je suis particulièrement redevable à monsieur et à madame A. Latif qui en plus de m'héberger m'ont traité comme un membre de la famille. Sans l'appui de cette famille, et surtout de Tasnim Latif, en 1987, cette entreprise aurait été beaucoup plus ardue.

Ici au Canada, plusieurs autres personnes m'ont prêté leur concours de façon intermittente, mais c'est grâce à la somme de leurs efforts que j'ai pu progresser. Mes remerciements à Uwe Mummenhoff, président de Daymen Photo Marketing, Toronto; Harry Mayzel, de Toronto; Ron Silverstein, président de Vistek, Toronto ; Peter Spring, président de Apaco Imaging Labs, London (Ontario); Eleanor Pattenick, de Toronto; Ben Woolfitt, président de Woolfitt's Art Enterprises Inc., Toronto; Anne Fairlie, gérante de The Adventure Centre, Toronto; Dale Lackey, de London (Ontario); et Alistair McIlwhan et tous ses techniciens à Herzig Somerville Ltd., Toronto.

Un gros merci au personnel du Musée canadien de la photographie contemporaine de sa patience pendant toutes ces années et du soin qu'il a mis à monter cette exposition. Mais je serai toujours l'obligé de Martha Hanna, conservatrice associée, qui a été si généreuse de son temps et a toujours cru en *Calcutta* même si pendant longtemps elle ne pouvait fonder son appréciation que sur les descriptions verbales que je lui en faisais.

Et enfin, mon dernier remerciement, et le plus cher, s'adresse à Karen, qui a participé à tout et qui continue de tout partager.

Stephen Livick

Design: Harris Bhandari Design Associates
Production: Maureen McEvoy
Revision and French adaptation: Diana Trafford, Dorothy Howard, Fernand Doré, Alphascript
Printing coordination: GEMM Graphics
Colour separations: K Colour Graphics Inc.
Printing: T&H Printers Ltd.

Conception graphique : Harris Bhandari Design Associates
Production : Maureen McEvoy
Révision des textes et adaptation française : Diana Trafford, Dorothy Howard, Fernand Doré, Alphascript
Coordination de l'impression : GEMM Graphics
Sélection des couleurs : K Colour Graphics Inc.
Impression : T&H Printers Ltd.